TURP LOKUMLARI. CANLI BİR SEBZE'NİN ÇOK YÖNLÜLÜĞÜNÜ KEŞFETMEK

Turplarla Bir Mutfak Macerası. Cesur Lezzetleri ve 100 Yaratıcı Tarifi Keşfetmek

Çiğdem Çetin

İÇİNDEKİLER

GİRİİŞ

Turp mutfağı dünyasına hoş geldiniz! Bu yemek kitabında sizi turpların çok yönlülüğünü ve canlı lezzetlerini kutlayan bir mutfak yolculuğuna davet ediyoruz. Çoğu zaman sadece bir salata garnitürü olarak göz ardı edilen turpların sunabileceği çok daha fazlası var. Çıtır dokusu ve biberimsi tadıyla turplar, çeşitli yemeklere ferahlatıcı ve benzersiz bir unsur katar. Bu yemek kitabı, bu mütevazı sebzenin tüm potansiyelini ortaya çıkarmanız için rehberinizdir.

Turplar sadece salatalarda kullanılmaz; cesur tatlarını ve dokularını sergileyen ağız sulandıran yemeklere dönüştürülebilirler. Basit ama doyurucu mezelerden iştah açıcı ana yemeklere ve hatta enfes tatlılara kadar turplar gösterinin yıldızı olabilir. Bu yemek kitabı sizi, damak tadınızı şaşırtacak ve memnun edecek turp bazlı tarifler dünyasıyla tanıştırmayı amaçlıyor.

Bu sayfalarda turpların çok yönlülüğünü sergileyen yaratıcı tariflerden oluşan bir hazine keşfedeceksiniz. Çıtır turp lahanalarından ve turşu turp çeşnilerinden lezzetli kavrulmuş turplara ve turpla tatlandırılmış çorbalara kadar, turpların tadını çıkarabileceğiniz çeşitli yolları gösteren bir koleksiyon hazırladık. İster bu canlı kök sebzelerin hayranı olun ister potansiyellerini keşfetmeye meraklı olun, bu yemek kitabında herkes için bir şeyler var.

Ancak bu yemek kitabı, bir yemek tarifleri derlemesinden çok daha fazlasıdır. Farklı turp çeşitleri konusunda size rehberlik edeceğiz, bunları seçme ve saklama konusunda ipuçları vereceğiz ve turpları benzersiz ve lezzetli şekillerde hazırlama tekniklerini paylaşacağız. İster deneyimli bir aşçı olun ister mutfakta acemi olun, sizi turpları yemeklerinizin yıldızı haline getirecek bilgi ve ilhamla donatacağız.

Yani ister yemeklerinize biraz lezzet katmak, ister mutfakta yeni ufuklar keşfetmek, ister sadece bu az takdir edilen sebzenin güzelliğini takdir etmek isteyin , bırakın Turp Lokumu. Canlı Bir Sebzenin Çok Yönlülüğünü Keşfetmek rehberiniz olsun. Lezzetli bir maceraya atılmaya ve turpların mutfak kreasyonlarınızı zenginleştirebileceği sayısız yolu keşfetmeye hazır olun.

KAHVALTI

1.Turp ve Avokado Tostu

İÇİNDEKİLER:

- 2 dilim kızarmış tam buğday ekmeği
- 1 olgun avokado, püresi
- 4-6 turp, ince dilimlenmiş
- Tatmak için biber ve tuz

TALİMATLAR:

a) Püre haline getirdiğiniz avokadoyu kızarmış ekmek dilimlerinin üzerine eşit şekilde yayın.
b) Üstünü dilimlenmiş turplarla süsleyin.
c) Tuz ve karabiber serpin.
ç) Açık yüzlü bir sandviç olarak tadını çıkarın.

İÇİNDEKİLER:

- 2 simit, dilimlenmiş ve kızartılmış
- 4 yemek kaşığı otlu krem peynir
- 1/2 bardak dilimlenmiş turp
- 2 yemek kaşığı doğranmış taze frenk soğanı
- Tatmak için biber ve tuz

TALİMATLAR:

a) Otlu krem peynirini her kızarmış simit yarısına eşit şekilde yayın.
b) Üstünü dilimlenmiş turplarla süsleyin.
c) Üzerine doğranmış frenk soğanı serpin.
ç) Tuz ve karabiberle tatlandırın.
d) Yüzü açık servis yapın.

3.Hardallı Mikro Yeşil ve Turplu Omlet

İÇİNDEKİLER:

- 4 yumurta
- 1 Yemek kaşığı maydanoz, doğranmış
- zeytin yağı
- 40 gram hardal mikro yeşillikleri
- 4 turp, dilimlenmiş
- 2 taze soğan, dilimlenmiş
- Tutam tuzu
- Biber tutam

TALİMATLAR:

a) Bir kasede yumurtaları ve maydanozu iyice karışana kadar çırpın; tuz ve karabiber ile tatlandırın.

b) Taze soğanı, turpları ve mikro yeşillikleri zeytinyağında kızartın .

c) Yumurtalı karışımı sebzelerin üzerine döktükten sonra omleti 3 dakika kadar kızartın .

d) Omleti çevirin ve 2 dakika daha kızartın.

İÇİNDEKİLER:

- 1 su bardağı dilimlenmiş turp
- 2 yumurta
- 1 yemek kaşığı zeytinyağı
- Tatmak için biber ve tuz

TALİMATLAR:

a) Zeytinyağını bir tavada orta ateşte ısıtın.
b) Dilimlenmiş turpları ekleyin ve yumuşamaya başlayana kadar 5 dakika soteleyin.
c) Yumurtaları tavaya kırın, tuz ve karabiber ekleyin ve istediğiniz kıvama gelinceye kadar pişirin.
ç) Sıcak servis yapın.

İÇİNDEKİLER:

- 3 yumurta
- 1/4 bardak dilimlenmiş turp
- 1/4 bardak taze ıspanak yaprağı
- 1/4 su bardağı rendelenmiş kaşar peyniri
- Tatmak için biber ve tuz
- 1 yemek kaşığı tereyağı

TALİMATLAR:

a) Bir kapta yumurtaları tuz ve karabiberle çırpın.
b) Orta ateşte yapışmaz tavada tereyağını eritin.
c) Dilimlenmiş turpları ekleyin ve hafifçe yumuşayana kadar 2 dakika soteleyin.
ç) Ispanak yapraklarını ekleyip suyunu çekene kadar pişirin.
d) Çırptığınız yumurtaları sebzelerin üzerine dökün.
e) Üzerine rendelenmiş kaşar peynirini serpin.
f) Omlet pişene kadar pişirin .
g) Omleti ikiye katlayıp sıcak olarak servis yapın.

İÇİNDEKİLER:

- 2 su bardağı rendelenmiş turp
- 1/4 bardak doğranmış soğan
- 1/4 bardak çok amaçlı un
- 1 yumurta, dövülmüş
- Tatmak için biber ve tuz
- Kızartmak için bitkisel yağ

TALİMATLAR:

a) Bir kapta rendelenmiş turpları, doğranmış soğanı, unu, çırpılmış yumurtayı, tuzu ve karabiberi birleştirin.

b) Tüm malzemeler eşit şekilde birleşene kadar iyice karıştırın.

c) Bitkisel yağı bir tavada orta ateşte ısıtın.

ç) Turp karışımından kaşık dolusu tavaya dökün ve köfteler halinde düzleştirin.

d) Her iki tarafta altın kahverengi olana kadar pişirin.

e) Kağıt havlu üzerine alıp sıcak olarak servis yapın.

İÇİNDEKİLER:

- 2 büyük tortilla
- 4 çırpılmış yumurta
- 1/2 bardak dilimlenmiş turp
- 1/4 bardak doğranmış domates
- 1/4 su bardağı doğranmış taze kişniş
- Tatmak için biber ve tuz

TALİMATLAR:

a) Tortillaları tavada veya mikrodalgada ısıtın.
b) Her tortillanın ortasına çırpılmış yumurta, dilimlenmiş turp, doğranmış domates ve doğranmış kişniş koyun.
c) Tuz ve karabiberle tatlandırın.
ç) Tortillanın kenarlarını dolgunun üzerine katlayın ve yuvarlayın.
d) Sıcak servis yapın.

İÇİNDEKİLER:

- 6 yumurta
- 1/2 bardak dilimlenmiş turp
- 1/4 su bardağı ufalanmış keçi peyniri
- 1/4 bardak doğranmış taze dereotu
- Tatmak için biber ve tuz
- 1 yemek kaşığı zeytinyağı

TALİMATLAR:

a) Fırını önceden 350°F'ye (175°C) ısıtın.

b) Bir kapta yumurtaları tuz, karabiber ve kıyılmış dereotu ile çırpın.

c) Zeytinyağını fırına dayanıklı bir tavada orta ateşte ısıtın.

ç) Dilimlenmiş turpları ekleyin ve hafifçe yumuşayana kadar 2 dakika soteleyin.

d) Çırpılmış yumurtaları tavaya dökün, üzerine ufalanmış keçi peynirini serpin.

e) Kenarları sertleşinceye kadar ocakta 3-4 dakika pişirin.

f) Tavayı önceden ısıtılmış fırına aktarın ve frittata tamamen pişene kadar 10-12 dakika pişirin.

g) Fırından çıkarıp dilimleyin ve sıcak olarak servis yapın.

İÇİNDEKİLER:

- 2 büyük tortilla
- 4 dilim pişmiş pastırma
- 1/2 bardak dilimlenmiş turp
- 1/4 bardak kıyılmış marul
- 2 yemek kaşığı mayonez
- Tatmak için biber ve tuz

TALİMATLAR:

a) Tortillaları tavada veya mikrodalgada ısıtın.

b) Mayonezi her tortillaya eşit şekilde yayın.

c) Her tortillanın bir tarafına pişmiş pastırmayı, dilimlenmiş turpları ve kıyılmış marulu yerleştirin.

ç) Tuz ve karabiberle tatlandırın.

d) Dolguyu sabitlemek için yanları sıkıştırarak tortillayı yuvarlayın.

e) Kahvaltı dürümü olarak servis yapın.

İÇİNDEKİLER:

- 1 su bardağı rendelenmiş turp
- 1/4 bardak çok amaçlı un
- 1/4 su bardağı doğranmış yeşil soğan
- 1 yumurta, dövülmüş
- Tatmak için biber ve tuz
- Kızartmak için bitkisel yağ

TALİMATLAR:

a) Bir kasede rendelenmiş turpları, çok amaçlı unu, doğranmış yeşil soğanları, çırpılmış yumurtayı, tuzu ve karabiberi birleştirin.
b) Tüm malzemeler eşit şekilde birleşene kadar iyice karıştırın.
c) Bitkisel yağı bir tavada orta ateşte ısıtın.
ç) Turp karışımından kaşık dolusu tavaya dökün ve bunları krep şeklinde düzleştirin.
d) Her iki tarafta altın kahverengi olana kadar pişirin.
e) Kağıt havlu üzerine alıp sıcak olarak servis yapın.

İÇİNDEKİLER:

- 9 yumurta
- ¼ bardak mayonez
- 2 yemek kaşığı yumuşak tofu
- tutam tuz
- 2 yemek kaşığı doğranmış turp mikro yeşillikleri
- 3 çay kaşığı hazır hardal
- 2 dilimlenmiş taze turp

TALİMATLAR:

a) Yumurtaları 9-11 dakika veya pişene kadar sert bir şekilde kaynatın.
b) Yumurtaları soyun ve dikkatlice ikiye bölün.
c) Sarı merkezlerini çıkarın ve bir kaseye koyun .
d) Geri kalan malzemeleri (doğranmış turplar hariç) iyice karıştırın .
e) İçeriği yumurtalara koyun ve bir parça taze turp ve birkaç mikroyeşil turp dalı ile süsleyin.

İÇİNDEKİLER:

- 2 simit, dilimlenmiş ve kızartılmış
- 4 ons füme somon
- 1/4 bardak dilimlenmiş turp
- 2 yemek kaşığı krem peynir
- 1 yemek kaşığı doğranmış taze dereotu
- Tatmak için biber ve tuz

TALİMATLAR:

a) Krem peyniri her kızarmış simit yarısına eşit şekilde yayın.

b) Üstüne füme somon dilimleri ekleyin.

c) Üzerine dilimlenmiş turp ve doğranmış dereotu serpin.

ç) Tuz ve karabiberle tatlandırın.

d) Yüzü açık servis yapın.

İÇİNDEKİLER:

- 1 bardak sade Yunan yoğurdu
- 1/4 bardak dilimlenmiş turp
- 1/4 bardak granola
- 1 yemek kaşığı bal
- Süslemek için taze nane yaprakları

TALİMATLAR:

a) Bir bardak veya kaseye Yunan yoğurtunu, dilimlenmiş turpları ve granolayı katlayın.

b) Üzerine bal gezdirin.

c) Taze nane yapraklarıyla süsleyin.

ç) Soğutulmuş hizmet.

İÇİNDEKİLER:

- 4 su bardağı karışık salata yeşillikleri
- 4 dilim pişmiş pastırma, ufalanmış
- 1/2 bardak dilimlenmiş turp
- 1/4 bardak kiraz domates, yarıya bölünmüş
- 2 yemek kaşığı balzamik sirke

TALİMATLAR:

a) Büyük bir salata kasesinde karışık yeşillikleri, ufalanmış pastırmayı, dilimlenmiş turpları ve yarım kiraz domatesi birleştirin.

b) Balsamik sosunu salatanın üzerine gezdirin.

c) Tüm malzemeleri kaplamak için yavaşça atın.

ç) Derhal servis yapın.

İÇİNDEKİLER:

- 2 büyük tortilla
- 4 dilim pişmiş jambon
- 1/2 bardak dilimlenmiş turp
- 1/4 su bardağı bebek ıspanak yaprağı
- 2 yemek kaşığı mayonez
- Tatmak için biber ve tuz

TALİMATLAR:

a) Tortillaları tavada veya mikrodalgada ısıtın.

b) Mayonezi her tortillaya eşit şekilde yayın.

c) Her tortillanın bir tarafına pişmiş jambon, dilimlenmiş turp ve körpe ıspanak yapraklarını yerleştirin.

ç) Tuz ve karabiberle tatlandırın.

d) Dolguyu sabitlemek için yanları sıkıştırarak tortillayı yuvarlayın.

e) Kahvaltı dürümü olarak servis yapın.

İÇİNDEKİLER:

* 3 büyük yumurta
* 1/4 bardak süzme peynir
* 1/4 bardak dilimlenmiş turp
* 1/4 bardak doğranmış enginar kalbi (konserve veya marine edilmiş)
* 2 yemek kaşığı doğranmış taze otlar (maydanoz, frenk soğanı veya fesleğen gibi)
* Tatmak için biber ve tuz
* 1 yemek kaşığı zeytinyağı

TALİMATLAR:

a) Bir kapta yumurtaları iyice çırpıncaya kadar çırpın. Tuz ve karabiberle tatlandırın.

b) Zeytinyağını yapışmaz bir tavada orta ateşte ısıtın.

c) Dilimlenmiş turpları ekleyin ve hafifçe yumuşayana kadar yaklaşık 2-3 dakika soteleyin.

ç) Doğranmış enginar kalplerini tavaya ekleyin ve iyice ısınana kadar 1-2 dakika daha soteleyin.

d) Çırpılmış yumurtaları tavaya dökün, sebzelerin eşit şekilde kaplandığından emin olun.

e) Yumurtaların dibi sertleşene kadar birkaç dakika rahatsız edilmeden pişmesine izin verin.

f) Omletin kenarlarını bir spatula ile yavaşça kaldırın ve pişmemiş yumurtaların kenarlara akmasını sağlamak için tavayı eğin.

g) Omletin yarısının üzerine süzme peyniri dökün .

ğ) Kıyılmış otları süzme peynirin üzerine serpin.

h) Omletin diğer yarısını süzme peynirli tarafın üzerine katlayın.

ı) Bir dakika daha veya omlet istediğiniz donanıma gelinceye kadar pişirmeye devam edin.

i) Omleti bir tabağa kaydırın ve istenirse ikiye bölün.

ATIŞTIRMALIKLAR VE MEZELER

17.Karidesli Wonton Salatası

İÇİNDEKİLER:

- 4 su bardağı karışık yeşillik
- 1/2 bardak pişmiş karides
- 1/2 bardak doğranmış salatalık
- 1/2 su bardağı dilimlenmiş kiraz domates
- 1/4 bardak doğranmış kırmızı soğan
- 1/4 bardak dilimlenmiş turp
- 8 wonton sarmalayıcı, kızartılmış ve doğranmış

PANSUMAN:

- 3 yemek kaşığı zeytinyağı
- 2 yemek kaşığı balzamik sirke
- 1 çay kaşığı Dijon hardalı
- 1 çay kaşığı bal
- Tatmak için biber ve tuz

TALİMATLAR:

a) Büyük bir kapta karışık yeşillikleri, pişmiş karidesleri, doğranmış salatalıkları, dilimlenmiş kiraz domatesleri, doğranmış kırmızı soğanı ve dilimlenmiş turpları birleştirin.

b) Sosu hazırlamak için küçük bir kapta zeytinyağı, balzamik sirke, Dijon hardalı, bal, tuz ve karabiberi çırpın.

c) Sosu salatanın üzerine dökün ve birleştirmek için fırlatın.

ç) Üzerine doğranmış kızarmış wontonları ekleyin.

d) Derhal servis yapın.

İÇİNDEKİLER:

- 8 ons yumuşak keçi peyniri
- 6 ons prosciutto, şeritler halinde kesilmiş
- 2 onsluk mikro turp paketi
- ¼ su bardağı taze sıkılmış limon suyu
- 2 armut, dilimlenmiş

TALİMATLAR:

a) Her armut diliminin üzerine limon suyunu gezdirin.

b) Armut diliminin bir yarısına ¼ çay kaşığı yumuşak keçi peyniri sürün, ardından malzemeleri diğer yarısıyla değiştirin.

c) Üstteki armut diliminin üzerine ¼ çay kaşığı yumuşak keçi peyniri daha sürün , ardından katlanmış bir prosciutto şeridi ve bir miktar yumuşak keçi peyniri, ardından turp mikro yeşillikleri ekleyin.

d) Kalan armut dilimlerini birleştirin ve üstüne daha fazla turp mikro yeşillikleri ekleyerek servis yapın.

İÇİNDEKİLER:
VURUCU:

- 2 su bardağı Kek unu 2 Yumurta; dövülmüş
- 2 su bardağı buzlu su

TEMPURA SOSU:

- 1 su bardağı soya sosu ½ su bardağı Mirin
- bardak su
- 1 çay kaşığı MSG (isteğe bağlı)
- 1 Japon turpu (daikon), rendelenmiş

TEMPURA:

- 1 pound Büyük karides
- 6 lg. Mantarlar; dilimlenmiş
- patlıcan dilimleri; şeritler halinde kesilmiş 6 Şerit kereviz, 3 "uzunluğunda
- Havuç - 3 "uzun şeritler halinde kesilmiş
- tatlı kabak dilimleri - 3 "uzun şeritler halinde kesin
- Derin kızartma yağı Çok amaçlı un

TALİMATLAR:

a) Kek ununu yumurta ve buzlu suyla, hamur hafif topaklaşana kadar karıştırın. Sakin olmak. Sosu hazırlamak için soya sosu, mirin, su ve MSG'yi bir tencerede birleştirin ve kaynatın.

b) Küçük tabaklara az miktarda sos koyun ve her birine 1 çay kaşığı rendelenmiş turp ekleyin. Bir kenara koyun.

c) Kuyruğu sağlam bırakarak tempura, kabuk ve devein karidesini hazırlayın. Karideslerin pişirme sırasında kıvrılmaması için, güçlü bir satır darbesiyle veya ağır bir bıçağın düz tarafıyla hafifçe düzleştirin.

ç) Karides, mantar, patlıcan, kereviz, havuç ve tatlı kabakları geniş bir tepsi veya tabağa çekici bir şekilde yerleştirin. Yağı derin bir su ısıtıcısında 350F'ye ısıtın. Hamuru çırpın. Karidesleri çok amaçlı una, ardından soğutulmuş hamura batırın, fazla hamuru çıkarmak için sallayın.

d) Derin yağa kaydırın ve karidesler yüzeye çıkana kadar kızartın.

e) Karidesler yağın yüzeyinde sallanırken, her karidesin üzerine biraz daha hamur dökün ve hamur gevrek ve hafif altın rengi olana kadar pişirin.

f)   Bir kez çevirin ve oluklu bir kaşık veya çatalla çıkarın ve bir tel ızgara üzerine boşaltın. Sıcak tutun. Sebzeleri una ve hamura batırıp aynı şekilde pişirin.

g)   Karides ve sebzeleri birer birer pişirip süzmeye devam edin

İÇİNDEKİLER:

- 320g konserve ton balığı bifteği
- 4 dilim tam tahıllı tohumlu ekmek
- 50 gr tatlı mısır taneleri
- 2 yemek kaşığı mayonez
- 1 adet meyve sepeti mikroyeşil turp
- Bir tutam öğütülmüş karabiber ve tuz

TALİMATLAR:

a) Bir karıştırma kabına ton balığını ekleyin ve mısırla harmanlayın.

b) Mayonezi ekleyin ve damak tadınıza göre taze çekilmiş karabiber ve tuzla tatlandırın.

c) Pembe turpu ince dilimler halinde kesin ve dolguyu iki dilim ekmeğin arasına dağıtın.

ç) katlayın ve kalan ekmek dilimlerini üstüne ekleyin.

İÇİNDEKİLER:

- 8 ons yumuşak keçi peyniri
- 6 ons prosciutto, şeritler halinde kesilmiş
- 2 onsluk mikro turp paketi
- ¼ su bardağı taze sıkılmış limon suyu
- 2 armut, dilimlenmiş

TALİMATLAR:

a) Her armut diliminin üzerine limon suyunu gezdirin.

b) Armut diliminin bir yarısına ¼ çay kaşığı yumuşak keçi peyniri sürün, ardından malzemeleri diğer yarısıyla değiştirin.

c) Üstteki armut diliminin üzerine ¼ çay kaşığı yumuşak keçi peyniri daha sürün , ardından katlanmış bir prosciutto şeridi ve bir miktar yumuşak keçi peyniri, ardından turp mikro yeşillikleri ekleyin.

d) Kalan armut dilimlerini birleştirin ve üstüne daha fazla turp mikro yeşillikleri ekleyerek servis yapın.

İÇİNDEKİLER:

- 4 ons Turp mikro yeşillikleri
- 2 ons kişniş
- 8 ons ekşi krema
- 1 Yemek kaşığı sarı soğan, rendelenmiş
- 1 diş sarımsak, rendelenmiş
- 2 yemek kaşığı limon suyu veya tadı
- tatmak için tuz
- tatmak için kırmızı biber gevreği

TALİMATLAR:

a) Bir karıştırıcıda mikro yeşillikleri, kişnişi, soğanı, sarımsağı ve ekşi kremayı pürüzsüz hale gelinceye kadar birleştirin.
b) tuz ve bir tutam kırmızı biber gevreği ile tatlandırın .
c) Cips, sebze, ızgara et ve diğer garnitürlerle servis yapın.

İÇİNDEKİLER:

- 1 salatalık, ince doğranmış
- 1 limonun suyu
- 1 yemek kaşığı kıyılmış nane yaprağı
- 1 yemek kaşığı tamari
- 1 yemek kaşığı turp filizi
- 12 shiso yaprağı
- 2 yemek kaşığı yuzu suyu
- 1 yemek kaşığı pirinç sirkesi
- 1 yemek kaşığı rendelenmiş havlıcan
- 1 daikon turp, 12 uzun şerit halinde ince dilimlenmiş
- 1 yemek kaşığı kar bezelyesi filizi, kıyılmış
- 1 olgun avokado, ince doğranmış
- Süslemek için siyah susam

TALİMATLAR:

a) Daikon sayfalarını çalışma yüzeyine yerleştirin.

b) Her daikon yaprağının üzerinde 1 shiso yaprağı bulunmalıdır.

c) Tamari, pirinç sirkesi, havlıcan ve limon suyunu bir kasede birleştirin; bir kenara koyun.

ç) Kar bezelye filizlerini, avokado, salatalık ve naneyi bir kasede birleştirin.

d) Limon sosunu ekleyin ve karıştırın.

e) Karışımı daikon tabakaları arasında eşit olarak dağıtın ve her iki uca birer porsiyon yerleştirin.

f) Rulo sizden uzağa bakacak şekilde sıkıca sarın.

g) Ruloları servis tabağına aktarın, üzerine filizleri ve çiseleyen yuzu suyunu ekleyin.

İÇİNDEKİLER:

- 2 adet milföy hamuru, 12 parçaya bölünmüş
- 1 çırpılmış yumurta
- 5 ons ufalanmış keçi peyniri
- 10 ila 12 ince dilimlenmiş turp
- Bir avuç hardal mikro yeşillikleri
- 1 çay kaşığı deniz tuzu

TALİMATLAR:

a) Fırını önceden 400 dereceye ısıtın .

b) Hamuru fırın tepsisine yerleştirin ve iki ucunu katlayarak kısa tarafına küçük bir dudak yapın.

c) Hamuru fırçalamak için yumurta yıkama kullanın. Çatal kullanarak her bir hamuru birkaç kez delin.

d) Hamur işlerini altın kahverengi ve kabarık olana kadar 8 ila 10 dakika pişirin.

e) Kruvasanların üzerine keçi peynirini sürün ve kesilmiş turplarla süsleyin.

f) 8 ila 10 dakika daha veya hamur işi altın rengi kahverengi olana ve turplar yarı saydam olana kadar pişirin.

g) Her bir hamurun üzerine mikro yeşillikler ve bir tutam tuz ekleyip hemen servis yapın.

İÇİNDEKİLER:

BAHAR RULOLARI

- 8 turp , şeritler halinde dilimlenmiş
- 5 yeşil soğan , şeritler halinde dilimlenmiş
- ½ salatalık , şeritler halinde dilimlenmiş
- ½ kırmızı dolmalık biber , şeritler halinde dilimlenmiş
- ½ sarı dolmalık biber , şeritler halinde dilimlenmiş
- 1 avokado , şeritler halinde dilimlenmiş
- ½ bardak taze otlar , kabaca doğranmış
- ½ bardak yenilebilir çiçek bütün olarak bırakıldı
- 9 adet pirinç kağıdı yaylı rulo sarmalayıcı

SOS

- 3 yemek kaşığı badem ezmesi
- 1 yemek kaşığı soya sosu
- 1 yemek kaşığı limon suyu
- 1 yemek kaşığı bal
- 1 çay kaşığı rendelenmiş zencefil
- 1 yemek kaşığı sıcak su

TALİMATLAR:

a) malzemelerinin tamamını bir kapta birleştirin .

b) Sığ bir tabağı sıcak suyla doldurun. Birer birer çalışarak, bir pirinç kağıdını sıcak suya yaklaşık 15 saniye boyunca veya yumuşak ve esnek hale gelinceye kadar yavaşça yerleştirin.

c) Kağıdı nemli bir yüzeye taşıyın .

d) Hızlı bir şekilde çalışarak, dolguları pirinç kağıdına uzun ve dar bir sıra halinde istifleyin ve her iki tarafta yaklaşık 2 inç bırakın.

e) Pirinç kağıdının kenarlarını tümseğin üzerine katlayın, ardından yavaşça yuvarlayın.

f) Bitmiş böreği yemeye hazır olana kadar nemli bir kağıt havluyla örtün.

g) İsteğe göre ikiye bölünerek badem ezmeli dip sos ile servis yapın.

İÇİNDEKİLER:

- 1 Kırmızı soğan; soyulmuş dilimlenmiş
- 1 Yeşil biber; tohumlanmış ve kesilmiş
- 1 Kırmızı veya sarı biber; tohumlanmış ve kesilmiş
- 1 Şalgam; soyulmuş ve ince
- 2 su bardağı Karnabahar çiçeği
- 2 su bardağı brokoli çiçeği
- 1 su bardağı Bebek havuç; kesilmiş
- ½ su bardağı ince dilimlenmiş turp
- 2 yemek kaşığı Tuz
- 1½ bardak Zeytinyağı
- 1 Sarı soğan; soyulmuş ve ince; doğranmış
- ⅛ çay kaşığı safran ipi
- Bir tutam Zerdeçal, Öğütülmüş kimyon, karabiber, Kırmızı Biber, Kırmızıbiber, Tuz

TALİMATLAR:

- ☑ Hazırlanan sebzeleri geniş bir kaseye koyun, üzerine 2 yemek kaşığı tuz serpin ve soğuk suyu ekleyin.
- ☑ Ertesi gün sebzeleri süzün ve durulayın. Soğanı, baharatları ve tuzu zeytinyağında 10 dakika kaynatarak turşuyu hazırlayın.
- ☑ Sebzeleri 9 x 13 inçlik bir tabağa yayın. Üzerlerine sıcak turşuyu dökün.
- ☑ Soğuk veya oda sıcaklığında servis yapmak üzere dekoratif bir kaseye aktarın.

SUSHI, CEVICHE VE CARPACCIO

İÇİNDEKİLER:

- 1/2 pound taze somon, ince dilimlenmiş
- Turp, ince dilimlenmiş
- Taze limon suyu
- Sızma zeytinyağı
- Tatmak için biber ve tuz
- Garnitür için taze dereotu

TALİMATLAR:

a) Somon dilimlerini servis tabağına dizin.
b) Turp dilimlerini somonun üzerine yerleştirin.
c) Somon ve turpların üzerine limon suyu ve zeytinyağını gezdirin.
ç) Tuz ve karabiberle tatlandırın.
d) Taze dereotu ile süsleyin.
e) Hafif ve zarif bir carpaccio olarak soğutulmuş olarak servis yapın.

İÇİNDEKİLER:
PİŞİRİLMİŞ KURU DAIKON TURP İÇİN

- 1 ons kurutulmuş daikon turpu, ıslatılmış ve uzun şeritler halinde kesilmiş
- 2/3 bardak shiitake dashi çorbası stoku
- 3 yemek kaşığı soya sosu
- 2 yemek kaşığı şeker
- 1 yemek kaşığı mirin

YUMURTA OMLETİ İÇİN

- 2 yumurta
- 2 çay kaşığı şeker
- Kanola yağı

FUTOMAKI RULOLARI İÇİN

- 4 yaprak nori
- 6 su bardağı hazırlanmış suşi pirinci
- 1 salatalık, kesilmiş ve uzunlamasına kesilmiş

TALİMATLAR:

a) Bir tencerede shiitake dashi çorbasını, soya sosunu, şekeri ve mirin'i birleştirin.

b) Kaynatın.

c) Kanpyo'yu ekleyin ve sıvı neredeyse bitene kadar kısık ateşte pişirin. Soğumaya bırakın.

TAMAGOYAKİ'Yİ HAZIRLAYIN

ç) Yumurta ve şekeri bir kapta çırpın.

d) Tavada kanola yağını ısıtın, tavayı kapladığınızdan emin olun.

e) İnce bir tabaka oluşturmak için yumurta karışımını ekleyin.

f) Daha sonra kalın bir omlet yapmak için yumurtalı omleti yavaşça yuvarlayın veya katlayın.

g) Tavadan çıkarıp soğumaya bırakın. Uzun çubuklar halinde kesin.

FUTOMAKI SUSHI RULOLARINI YAPIN

ğ) Bambu hasırın üzerine bir parça plastik ambalaj koyun.

h) Bambu hasırın üzerindeki plastik ambalajın üzerine kurutulmuş, kavrulmuş deniz yosunu koyun.

ı) Kurutulmuş deniz yosunu tabakasının üzerine suşi pirincinin ¼ kısmını eşit şekilde yayın.

i) Ortadaki pirincin üzerine kanpyo, omlet ve salatalık çubuklarını yatay olarak koyun.

j) Suşiyi silindir haline getirmek için bambu hasırı ileri doğru bastırarak yuvarlayın.

k) Bambu hasırına sıkıca bastırın ve suşiden çıkarın.

l) Rulo Futomaki suşiyi ısırık büyüklüğünde parçalar halinde dilimleyin.

İÇİNDEKİLER:

- Farklı renklerde 3 pancar; pembe, sarı ve beyaz
- Farklı renklerde 2 havuç; sarı ve mor
- 2 Kudüs enginarı
- 4 turp
- 1 şalgam
- ¼ bardak zeytinyağı
- 4 yemek kaşığı şarap sirkesi
- 1 dilim ekmek, küp şeklinde
- 2 yemek kaşığı çam fıstığı
- 1 yemek kaşığı kabak çekirdeği
- 2 yemek kaşığı ceviz yağı
- 1 avuç marul
- Deniz tuzu
- taze çekilmiş karabiber

TALİMATLAR:

a) Bütün sebzeleri yıkayın. Mandolin yardımıyla çok ince dilimler halinde kesin.

b) Bir kaseye koyun, sirkeyi ve zeytinyağını dökün ve parmaklarınızla hafifçe karıştırın.

c) Bir saat bekletin.

ç) Ekmeği çam fıstığı ve kabak çekirdeğiyle birlikte kuru bir tavada sürekli karıştırarak kızartın.

d) Sebzeleri bir tabağa yerleştirin ve kruton ve tohumlarla süsleyin.

e) Fındık yağı, tuz ve karabiber serpin.

f) Marul yapraklarıyla süsleyin.

İÇİNDEKİLER:

- 1 pound taze beyaz balık filetosu, küçük küpler halinde kesilmiş
- 1 su bardağı taze limon suyu
- 1/2 su bardağı taze limon suyu
- 1/2 su bardağı taze portakal suyu
- 1 küçük kırmızı soğan, ince doğranmış
- 1 jalapeno biberi, çekirdeği çıkarılmış ve ince doğranmış
- 1 adet kırmızı dolmalık biber, çekirdekleri çıkarılmış ve ince doğranmış
- 1 yeşil dolmalık biber, çekirdekleri çıkarılmış ve ince doğranmış
- 1/2 su bardağı doğranmış taze kişniş
- 2 adet olgun domates, çekirdekleri çıkarılmış ve doğranmış
- 1 avokado, doğranmış
- Tatmak için biber ve tuz
- Servis için tortilla cipsi

TALİMATLAR:

a) Reaksiyona girmeyen bir kapta (cam veya seramik), balık küplerini limon suyu, limon suyu ve portakal suyuyla birleştirin. Balığın tamamen narenciye suyuna batırıldığından emin olun.

b) Kaseyi kapatın ve balıklar "pişirilene" ve opaklaşana kadar yaklaşık 30 dakika ila 1 saat boyunca buzdolabında saklayın.

c) Balıklar marine edilirken diğer malzemeleri hazırlayın. Ayrı bir kapta doğranmış kırmızı soğanı, jalapeño biberini, kırmızı dolmalık biberi, yeşil dolmalık biberi, kişniş, domates ve avokadoyu birleştirin. İyice karıştırın.

ç) Balıklar marine edildikten sonra fazla narenciye suyunu boşaltın. Balıkları diğer malzemelerle birlikte kaseye ekleyin ve her şeyi yavaşça karıştırın. Tatmak için tuz ve karabiber ekleyin.

d) Ceviche'yi örtün ve tatların birbirine karışmasını sağlamak için 30 dakika daha buzdolabında saklayın.

e) Servis yapmadan önce ceviche'nin tadına bakın ve gerekirse baharatını ayarlayın. Yanında tortilla cipsleri ile soğutulmuş olarak servis yapın.

İÇİNDEKİLER:

- Nori deniz yosunu çarşafları
- Suşi pirinci
- Turp, ince dilimlenmiş
- Avokado, dilimlenmiş
- Salatalık, jülyen doğranmış
- Daldırma için soya sosu

TALİMATLAR:

a) Bambu suşi matının üzerine bir parça nori koyun.

b) Norinin üzerine bir kat suşi pirinci yayın ve üstte küçük bir kenarlık bırakın.

c) Turp dilimlerini, avokado dilimlerini ve jülyen doğranmış salatalığı pirincin ortasına yerleştirin.

ç) Bambu hasırı kullanarak suşiyi sıkıca yuvarlayın.

d) Isırık büyüklüğünde dilimleyin ve soya sosuyla servis yapın.

İÇİNDEKİLER:

- 1/2 pound taze ton balığı, doğranmış
- 1/4 su bardağı limon suyu
- 1/4 su bardağı portakal suyu
- 1/4 bardak doğranmış turp
- 1/4 bardak doğranmış kırmızı soğan
- 1 jalapeno biber, çekirdeği çıkarılmış ve doğranmış
- 2 yemek kaşığı kıyılmış kişniş
- Tatmak için biber ve tuz

TALİMATLAR:

a) Bir kasede doğranmış ton balığı, limon suyu, portakal suyu, turp, kırmızı soğan, jalapeno biberi ve kişnişi birleştirin.

b) Tuz ve karabiberle tatlandırın.

c) İyice karıştırın ve yaklaşık 30 dakika buzdolabında marine olmasına izin verin.

ç) Tek başına veya tortilla cipsleriyle birlikte, serinletici bir ceviche olarak soğutulmuş olarak servis yapın.

İÇİNDEKİLER:

- Suşi pirinci
- Turp, ince dilimlenmiş
- Pişmiş karides
- Daldırma için soya sosu

TALİMATLAR:

a) Az miktarda suşi pirinci alın ve küçük dikdörtgen bir blok haline getirin.

b) Pirinç bloğunun üzerine bir dilim turp yerleştirin.

c) Turpun üzerine pişmiş karides ekleyin.

ç) Kalan malzemelerle tekrarlayın.

d) Suşi nigirisini daldırma için soya sosuyla servis edin.

İÇİNDEKİLER:

- Nori deniz yosunu çarşafları
- Suşi pirinci
- Turp, ince dilimlenmiş
- Salatalık, jülyen doğranmış
- Zencefil turşusu
- Daldırma için soya sosu

TALİMATLAR:

a) Bambu suşi matının üzerine bir parça nori koyun.
b) Norinin üzerine bir kat suşi pirinci yayın ve üstte küçük bir kenarlık bırakın.
c) Turp dilimlerini ve jülyen doğranmış salatalığı pirincin ortasına yerleştirin.
ç) Bambu hasırı kullanarak suşiyi sıkıca yuvarlayın.
d) Lokma büyüklüğünde dilimleyin ve zencefil turşusu ve soya sosuyla servis yapın.

İÇİNDEKİLER:

- 1/2 pound taze deniz tarağı, ince dilimlenmiş
- 1/4 su bardağı limon suyu
- 1/4 bardak limon suyu
- Turp, ince dilimlenmiş
- Kırmızı soğan, ince dilimlenmiş
- Taze kişniş, doğranmış
- Tatmak için biber ve tuz

TALİMATLAR:

a) Bir kasede dilimlenmiş deniz tarağı, limon suyu, limon suyu, turp, kırmızı soğan ve kişnişi birleştirin.

b) Tuz ve karabiberle tatlandırın.

c) İyice karıştırın ve buzdolabında yaklaşık 20 dakika marine edilmesini bekleyin.

ç) Lezzetli ve keskin bir ceviche olarak soğutulmuş olarak servis yapın.

İÇİNDEKİLER:

- Suşi pirinci
- Turp, ince dilimlenmiş
- Taze ton balığı, ince dilimlenmiş
- Daldırma için soya sosu

TALİMATLAR:

a) Az miktarda suşi pirinci alın ve küçük dikdörtgen bir blok haline getirin.
b) Pirinç bloğunun üzerine bir dilim turp yerleştirin.
c) Turpun üzerine bir dilim taze ton balığı ekleyin.
ç) Kalan malzemelerle tekrarlayın.
d) Suşi nigirisini daldırma için soya sosuyla servis edin.

37.Roka, Turp, Biber ve Limonlu Tuna Carpaccio

İÇİNDEKİLER:

- 8 ons taze ton balığı bifteği
- 2 bardak roka
- 4-5 turp, ince dilimlenmiş
- 1 adet kırmızı pul biber (ince dilimlenmiş) (istenirse daha hafif ısı için tohumları çıkarılmış)
- 1 limonun suyu
- Sızma zeytinyağı
- Tatmak için biber ve tuz

TALİMATLAR:

a) Taze ton balığı bifteğinin biraz sertleşmesi için yaklaşık 15-20 dakika dondurucuya koyun, bu ince dilimlemeyi kolaylaştıracaktır.

b) Ton balığı dondurucudayken servis tabağına veya tek tek tabaklara bir roka yatağı yerleştirin.

c) Küçük bir kapta ince dilimlenmiş turpları ve pul biberi birleştirin. Bir kenara koyun.

ç) Ton balığını dondurucudan çıkarın ve keskin bir bıçak kullanarak mümkün olduğunca ince dilimleyin. Ton balığı dilimlerini rokaların üzerine dizin.

d) Turp ve kırmızı biber karışımını ton balığının üzerine serpin.

e) Limon suyunu ve bol miktarda sızma zeytinyağını tüm yemeğin üzerine gezdirin.

f) Tatmak için tuz ve karabiber ekleyin.

g) Servis yapmadan önce tatların birkaç dakika birbirine karışmasını bekleyin.

ğ) Tuna Carpaccio'yu Roka, Turp, Acı Biber ve Limon ile meze veya hafif ana yemek olarak servis edin.

İÇİNDEKİLER:

- Nori deniz yosunu çarşafları
- Suşi pirinci
- Turp, ince dilimlenmiş
- Havuç, jülyen doğranmış
- Salatalık, jülyen doğranmış
- Avokado, dilimlenmiş
- Daldırma için soya sosu

TALİMATLAR:

a) Bambu suşi matının üzerine bir parça nori koyun.

b) Norinin üzerine bir kat suşi pirinci yayın ve üstte küçük bir kenarlık bırakın.

c) Pirincin ortasına turp dilimleri, jülyen havuç, jülyen salatalık ve avokado dilimleri yerleştirin.

ç) Bambu hasırı kullanarak suşiyi sıkıca yuvarlayın.

d) Isırık büyüklüğünde dilimleyin ve soya sosuyla servis yapın.

İÇİNDEKİLER:

- 1/2 pound taze ahtapot, pişmiş ve ince dilimlenmiş
- 1/4 su bardağı limon suyu
- 1/4 su bardağı portakal suyu
- Turp, ince dilimlenmiş
- Kırmızı soğan, ince dilimlenmiş
- Taze kişniş, doğranmış
- Tatmak için biber ve tuz

TALİMATLAR:

a) Bir kasede dilimlenmiş ahtapot, limon suyu, portakal suyu, turp, kırmızı soğan ve kişnişi birleştirin.

b) Tuz ve karabiberle tatlandırın.

c) İyice karıştırın ve yaklaşık 30 dakika buzdolabında marine olmasına izin verin.

ç) Lezzetli ve egzotik bir ceviche olarak soğutulmuş olarak servis yapın.

ANA DİL

İÇİNDEKİLER:

- 2 yemek kaşığı zeytinyağı, bölünmüş
- ½ kg yan biftek
- Tuz
- Karabiber
- ½ bardak kişniş yaprağı
- 4 turp, kesilmiş ve ince doğranmış
- 2 taze soğan, ince dilimlenmiş
- ½ jalapeño, çekirdekleri çıkarılmış ve ince doğranmış
- 2 yemek kaşığı limon suyu
- 8 mısır ekmeği

TALİMATLAR:

a) Bifteği tuz ve karabiberle tatlandırın ve her iki tarafını da yüksek ateşte tavada pişirin.

b) Zeytinyağını tavaya dökün ve her iki tarafını da 5-8 dakika kadar pişirin. Beş dakika daha dinlenmeye bırakın.

c) Kişnişin yarısını doğrayın ve turp, jalapenos, soğan, limon suyu ve 1 yemek kaşığı zeytinyağıyla karıştırın. Tuz, karabiber ve salsa ile tatlandırın.

ç) Bifteği dilimleyin ve sebze karışımının bir kısmıyla birlikte her bir tortillaya yerleştirin.

d) Queso fresco peyniri ve kişnişin geri kalanıyla servis yapın.

İÇİNDEKİLER:
KIRMIZI ŞARAP SOSU:

- 2 arpacık, ince doğranmış
- 250ml kırmızı şarap
- Tuz ve karabiberi sıkın
- ½ havuç, ince doğranmış
- 2 çay kaşığı zeytinyağı
- 20 gr tereyağı
- 300ml sığır/tavuk suyu

MİKRO YAPRAK SALATA:

- 50 gr bezelye filizi
- 50 gr kırmızı turp filizi
- 80 gr kırmızı su teresi
- biraz sızma zeytinyağı
- tuz ve biber

TALİMATLAR:

a) Fırını önceden 200°C'ye ısıtın. ve ızgara tavasını ısıtın.
b) Kuzu rafını tuz ve karabiberle ovalayın.
c) Kuzu rafının her iki tarafını da 2-3 dakika ızgarada pişirin.
ç) Eti bir kızartma tavasına aktarın ve üzerini folyo ile örtün.
d) Orta boy için 30 ila 35 dakika daha pişirin.
e) Bu arada bir tencerede arpacık soğanı ve havuçları zeytinyağına ekleyin. Yumuşak oluncaya kadar soteleyin.
f) Kırmızı şarabı ekleyin ve sıvı azalıncaya kadar pişirmeye devam edin.
g) Et suyunu ekleyin ve sos koyulaşana kadar pişirin.
ğ) Süzün, ardından katıları atın.
h) Sıvıyı tavaya geri koyun, kaynama noktasına kadar ısıtın, tereyağını çırpın ve sosu koyulaştırmak için birkaç dakika daha pişirin.
ı) Tüm salata yeşilliklerini bir kasede birleştirin, tuz ve karabiberle tatlandırın ve üzerine sızma zeytinyağı gezdirin.
i) Kuzu fırından çıkarıp 10 dakika dinlendirin.
j) Kuzu pirzola dilimleyin ve kırmızı şarap sosu ve soslu mikro yeşilliklerle servis yapın.

İÇİNDEKİLER:

- 1½ yemek kaşığı mayonez
- 2 çay kaşığı elma sirkesi
- 1 yeşil soğan, doğranmış
- ¼ çay kaşığı köri tozu
- 2 su bardağı brokoli çiçeği
- 3,5 onsluk Quinoa olabilir
- ⅓ bardak mango, doğranmış
- ⅓ bardak kiraz domates, yarıya bölünmüş
- ⅓ bardak salatalık, doğranmış
- ⅓ fincan turp veya siyah turp mikro yeşillikleri
- Tutam Tuz
- Taze çekilmiş biberi sıkın

TALİMATLAR:

a) Bir kapta mayonez, sirke, yeşil soğan ve köri tozunu birleştirin.
b) Damak zevkinize göre tuz ve karabiber serpin ve bir kenara koyun.
c) Bir tencerede tuzlu suyu kaynatın ve mısırları beş dakika pişirin.
ç) Süzün, soğuk suyla durulayın ve ardından bir kez daha boşaltın.
d) Brokolileri bir kaseye koyun ve kalan malzemeleri iyice karıştırın.
e) Üzerine salata sosu gezdirin ve mikro yeşillikleri serpin.

İÇİNDEKİLER:

- 1½ pound domuz omuzu (rendelenmiş)
- 2 limon
- 12 mısır ekmeği
- 1 demet kişniş
- ½ su bardağı doğranmış soğan
- Turp, avokado ve taze domates

TALİMATLAR:

a) Bir tavada önceden kimyon, tuz ve karabiberle tatlandırılan etler kızarmaya başlar.

b) Bittiğinde, tortillaların her iki tarafını da ısıtın ve üzerine et, soğan, avokado, domates ve biraz limon suyu ekleyin.

İÇİNDEKİLER:

- ½ bardak soya sosu
- 3 yemek kaşığı Bal
- 1 yemek kaşığı kıyılmış taze zencefil
- 2 çay kaşığı kıyılmış sarımsak
- Tadına göre taze çekilmiş karabiber.
- 2 ton balığı bifteği
- 2 yemek kaşığı Pirinç şarabı sirkesi
- 2 yemek kaşığı Soya sosu
- 2 yemek kaşığı Limon suyu
- ½ çay kaşığı rendelenmiş limon kabuğu
- 1 yemek kaşığı kıyılmış taze zencefil
- 1 çay kaşığı Kıyılmış sarımsak
- 2 yemek kaşığı kıyılmış soğan
- ¼ çay kaşığı kırmızı biber gevreği
- ¼ bardak zeytinyağı
- ½ paket Wonton ambalajları
- Derin kızartma için bitkisel yağ
- ¼ bardak Deniz Yosunu
- ½ bardak Bitesize radicchio yaprağı
- ½ bardak dilimlenmiş hindiba
- ½ su bardağı Bebek ıspanak yaprakları
- 2 yemek kaşığı Julienned sarı biber
- 2 yemek kaşığı Julienned kırmızı biber
- Turp filizi
- Zencefil turşusu
- Altın Havyar
- Hafif susam tohumları
- Koyu susam tohumları

TALİMATLAR:

a) Bir kapta ilk 5 malzemeyi karıştırın.

b) Ton balığı bifteklerini bir tavaya koyun ve karışımı üzerine dökün, ton balığının her tarafını kaplayın. Balıkları 15 dakika marine edin.

c) Daha sonra marine edilmiş ton balığını ısıtılmış ızgaraya aktarın ve her iki tarafını da 1-2 dakika kızartın. Bir kasede sos için gerekli olan tüm malzemeleri karıştırın.

ç)	Kızartma yağını 350 dereceye ısıtın. Wonton ambalajlarını jülyen şeritler halinde kesin ve altın rengi olana kadar derin yağda kızartın.

d)	Bunları kağıt havlulara boşaltın. Bir kasede deniz yosunu, radicchio yaprakları, dilimlenmiş hindiba, körpe ıspanak yaprakları, jülyen doğranmış sarı biber ve jülyen doğranmış kırmızı biberi bir araya getirin.

e)	Deniz yosunu ve yeşillikleri 2 servis tabağının ortasına yerleştirin ve üzerine kızarmış wonton şeritlerini koyun. Sosun bir kısmını üzerine gezdirin, üzerine ton balığını ekleyin ve biraz daha sos gezdirin.

f)	Küçük bir grup turp filizi, zencefil turşusu, tobiko, açık susam, koyu susam ve altın havyarla süsleyin.

İÇİNDEKİLER:

- 8 oz. Yağsız kıyma
- 1 1/2 yemek kaşığı soya sosu
- 1 yemek kaşığı kıyılmış kişniş 1 çay kaşığı Kıyılmış zencefil kökü 1 çay kaşığı Mısır nişastası
- 1/2 çay kaşığı fıstık yağı
- 20 Yuvarlak Wonton sarmalayıcı Su
- Garnitür için yeşil soğan hayranları
- Garnitür için turp çiçeği

TALİMATLAR:

a) Küçük bir kapta sığır eti, soya sosu, kişniş, zencefil kökü, mısır nişastası ve yağı birleştirin. Çalışma yüzeyine 10 wonton ambalaj kağıdı yerleştirin. Her wonton ambalajının ortasına 2 çay kaşığı dolgu koyun.

b) Her wonton ambalajını nemlendirin. Tüm kenarını suyla nemlendirin. Ambalajın her iki tarafını kaldırın ve doldurmanın, kenarların toplanmasının ve ambalajların katlanmasının üzerinde sıkıştırın; mühürlemek için sıkıştırın.

c) Kalan sarmalayıcılar ve doldurma ile devam edin.

ç) İki büyük tavadan her birine 2 bardak su kaynatın. Isıyı orta seviyeye düşürün; köfteleri ekleyin ve dokunmasına izin vermeyin.

d) Hafifçe örtün ve köfteler sertleşene ve ambalajlar yumuşak olana kadar buharda pişirin, 15 dakika. Derhal servis yapın.

e) Servis tabağını yeşil soğan ve turp çiçeğiyle süsleyin

İÇİNDEKİLER:

- 200 gr sert tofu
- 2 Yemek kaşığı susam
- 1 yemek kaşığı Japon shichimi togarashi
- Baharat karışımı
- 1/2 yemek kaşığı mısır unu
- 1 Yemek kaşığı susam yağı
- 1 Yemek kaşığı sebze yağı
- 200 gr yumuşak saplı brokoli
- 100 gr şekerli bezelye
- 4 turp, çok ince dilimlenmiş
- 2 adet taze soğan, dikkatlice dilimlenmiş
- 3 kumkuat, çok ince dilimlenmiş

GİYDİRME İÇİN

- 2 yemek kaşığı az tuzlu Japon soya sosu
- 2 yemek kaşığı yuzu suyu
- 1 çay kaşığı altın pudra şekeri
- 1 küçük arpacık soğanı, ince doğranmış
- 1 çay kaşığı rendelenmiş zencefil

TALİMATLAR:

a) Tofuyu ikiye bölün, mutfak kağıdıyla iyice örtün ve bir tabağa koyun. Suyu sıkmak için üzerine ağır bir kızartma tavası koyun .

b) Susam tohumlarını, Japon baharat karışımını ve mısır ununu bir kasede karıştırın. Tofunun üzerine serpin. Bir kenara koyun.

c) Küçük bir kapta sos malzemelerini karıştırın. Sebzeler için bir tencerede suyu kaynatın ve iki yağı büyük bir tavada ısıtın.

ç) Tava çok sıcak olduğunda tofuyu ekleyin ve güzelce kızarana kadar yaklaşık her iki tarafını da 1 dakika kızartın.

d) Su kaynayınca brokoliyi ve şekerli bezelyeyi 2-3 dakika pişirin.

İÇİNDEKİLER:

- 2 diş sarımsak, ezilmiş
- 2 çay kaşığı zencefil, rendelenmiş
- 25 gr tuzsuz tereyağı, eritilmiş
- 1/4 bardak yuzu suyu veya limon suyu
- 2 yemek kaşığı hafif soya sosu
- 4 tavuk Maryland's
- 1/2 çay kaşığı susam yağı
- 1 yemek kaşığı fıstık yağı
- 1/2 çay kaşığı pudra şekeri
- Hizmet etmek için siyah susam tohumları
- Servis için limon dilimleri

Japon Lahana Salatası

- 1 avokado, ince dilimlenmiş
- 100 gr şekerli bezelye, uzunlamasına dilimlenmiş
- 3 turp, kesilmiş, ince dilimlenmiş
- 1 büyük havuç, ince kibrit çöpleri halinde kesilmiş
- 1/2 demet frenk soğanı, 4 cm uzunluğunda kesilmiş
- 150 gr yabani roka yaprağı

TALİMATLAR:

a) Sarımsak, zencefil, tereyağı, 2 yemek kaşığı yuzu ve 1 yemek kaşığı soya sosunu bir kasede birleştirin.

b) Tavuğu ekleyin ve kaplayın. Marine etmek için örtün ve 20 dakika buzdolabında saklayın.

c) Fırını 180°C'ye önceden ısıtın. Tavuğu boşaltın, turşuyu ayırın ve kurulayın.

ç) Pişirme kağıdıyla kaplı bir fırın tepsisine yerleştirin ve her 15 dakikada bir, ayrılmış marinatla yağlayarak, 1 saat boyunca veya altın rengi oluncaya ve tamamen pişene kadar kızartın.

d) Bu arada lahana salatası malzemelerini bir kapta birleştirin. Ayrı bir kapta susam yağı, yer fıstığı yağı, şekeri ve kalan 2 yemek kaşığı yuzu ve 1 yemek kaşığı soyayı çırpın. Birleştirmek için lahana salatası ile atın.

e) Tavuk ve lahana salatası üzerine susam serpip üzerine limon sıkarak servis yapın.

İÇİNDEKİLER:

- 3½ bardak dashi veya su
- 2 su bardağı siyah pirinç, pişmiş
- 1 bardak kuru beyaz şarap
- 1 parça kombu, 3 x 3 inç
- 1 çay kaşığı zerdeçal tozu
- 2 adet defne yaprağı
- 2 yemek kaşığı kurutulmuş deniz yosunu
- koşer tuzu
- 2 adet siyah levrek veya kırmızı balığı filetosu, buharda pişirilmiş
- 5 ons shiitake mantarı, ikiye bölünmüş
- 2 su bardağı bezelye filizi
- 2 kırmızı turp, rendelenmiş
- 2 yemek kaşığı kıyılmış nane yaprağı

TALİMATLAR:

a) Et suyu, pirinç, şarap, kombu, tuz, zerdeçal tozu, defne yaprağı ve deniz yosununu bir Güveçte birleştirin.
b) 1 saat kadar kısık ateşte pişirin.
c) Balıkları pirincin üzerine koyun, ardından mantarları ekleyin.
ç) Garnitür olarak nane, turp ve bezelye filizlerini ekleyin.

İÇİNDEKİLER:

- 4½ bardak Sebze stoğu; veya miso aşılanmış et suyu, tuzlu
- 1 çorba kaşığı Sızma zeytinyağı
- ½ fincan gül suşi pilavı
- ½ bardak Hatır
- Kaşer tuzu
- Taze çekilmiş karabiber
- ½ bardak Enoki mantarları
- ½ bardak Kıyılmış yeşil soğan
- ¼ bardak Turp filizi

TALİMATLAR:

a) Miso ile aşılanmış et suyu kullanıyorsanız, 1 çorba kaşığı misoyu 4½ bardak su ile birleştirin ve kaynatın. Isıyı azaltın ve kaynatın.

b) Bir tencerede zeytinyağını orta-yüksek ateşte ısıtın. İyice kaplanana kadar sürekli olarak tek yönde karıştırarak pirinci ekleyin. Tavayı ocaktan alın ve sakeyi ekleyin.

c) Ateşe dönün ve sıvının tamamı emilene kadar sürekli olarak tek yönde karıştırın. Et suyunu veya et suyunu yarım bardaklık artışlarla ekleyin ve her eklemede tüm sıvı emilene kadar sürekli karıştırın.

ç) Tuz ve karabiberle tatlandırın. Servis kaselerine paylaştırıp mantar, yeşil soğan ve filizlerle süsleyip servis yapın.

d) Narin enoki mantarları, doğranmış yeşil soğan ve baharatlı turp filizleriyle süsleyin.

İÇİNDEKİLER:

- 25 gr kabuklu fıstık
- 1 büyük demet taze fesleğen, yaprakları ve sapları kabaca doğranmış
- 4 dal taze nane, yaprakları kabaca doğranmış
- Rendelenmiş kabuğu rendesi ve suyu ½ limon, artı ½ limon
- 125 ml sızma zeytinyağı
- 2 kg bütün serbest gezinen tavuk
- 125 ml sek beyaz şarap
- 200 gram ekşi mayalı ekmek, parçalara bölünmüş
- 200g karışık turp, büyükse yarıya veya dörde bölünmüş
- 250g kuşkonmaz
- Büyük bir avuç bezelye filizi

TALİMATLAR:

a) Fırını 200°C/180°C fan/gaza ısıtın 6. Antep fıstığı, fesleğen, nane ve limon kabuğu rendesini ve suyunu bir mini doğrayıcıda veya küçük mutfak robotunda kaba bir macun haline gelinceye kadar çırpın. 100 ml yağı gezdirin, ardından baharatlayın ve birleştirmek için çırpın. Pestonun yarısını küçük bir servis tabağına koyun ve bir kenara koyun.

b) Tavukları geniş, sığ bir kızartma kabına koyun. Boyun boşluğundan başlayarak deriyle et arasında bir cep oluşturmak için parmaklarınızı kullanın

c) göğüslerin. Pestoyu tavuğun derisinin altına bastırın ve fazlalığı deriye sürün. Kalan ½ limonu tavuğun üzerine sıkın ve ardından boşluğa yerleştirin. 20 dakika kızartın, ardından fırını 190°C/170°C fan/gaz ayarına düşürün 5.

ç) Tavaya şarabı ve 125 ml suyu ekleyin ve tavuk iyice pişene kadar 40-50 dakika daha kavurun.

d) Tavuğu bir tahtaya koyun, folyoyla gevşek bir şekilde örtün ve dinlenmeye bırakın. Kavurma suyunu tenekeden bir sürahiye dökün. Kızartma kabına ekmeği, turpları ve kuşkonmazı ekleyin, suyun üstündeki yağın bir kısmını kaşıkla alın ve onu ekmek ve sebzelerle birlikte atın.

e) Baharatlayın, ardından sebze yumuşayana ve ekmek gevrekleşinceye kadar 12-15 dakika kızartın. Kalan meyve suyundaki yağları atın ve sos için bir tavada ısıtın.

f) Kalan pestoyu ve 25ml zeytinyağını karıştırıp tavuk ve sebzenin üzerine gezdirin. Yanında bezelye filizleri ve sosla servis yapın.

İÇİNDEKİLER:

- İki adet soğutulmuş hilal rulosu
- İki paket kaju krem peyniri, yumuşatılmış
- ⅓ bardak mayonez
- 1,4 onsluk kuru sebze çorbası karışımı paketi
- 1 bardak turp, dilimlenmiş
- ⅓ bardak doğranmış yeşil dolmalık biber
- ⅓ bardak doğranmış kırmızı dolmalık biber
- ⅓ bardak doğranmış sarı dolmalık biber
- 1 su bardağı brokoli çiçeği
- 1 su bardağı karnabahar çiçeği
- ½ su bardağı doğranmış havuç
- ½ bardak doğranmış kereviz

TALİMATLAR:

a) Başka bir şey yapmadan önce fırınınızı 400 derece F'ye ayarlayın.

b) 11x14 inçlik jöle rulo tepsisinin alt kısmına hilal rulo hamurunu yayın.

c) Bir kabuk oluşturmak için dikiş yerlerini parmaklarınızla sıkıştırın.

ç) Her şeyi fırında yaklaşık 10 dakika pişirin.

d) Her şeyi fırından çıkarın ve tamamen soğuması için bir kenara koyun.

e) Bir kapta mayonez, kaju krem peyniri ve sebze çorbası karışımını karıştırın.

f) Mayonez karışımını kabuğun üzerine eşit şekilde yerleştirin ve her şeyi sebzelerle eşit şekilde doldurun ve yavaşça mayonez karışımına bastırın .

g) Pizzayı plastik ambalajla örtün ve gece boyunca buzdolabında saklayın.

ÇORBALAR, YAHVELER VE BİBER

İÇİNDEKİLER:

- 1 demet turp, kesilmiş ve dilimlenmiş
- 1 soğan, doğranmış
- 2 diş sarımsak, kıyılmış
- 4 su bardağı sebze suyu
- 1 bardak ağır krema
- Tatmak için biber ve tuz
- Garnitür için taze frenk soğanı

TALİMATLAR:

a) Büyük bir tencerede turp, soğan ve sarımsağı yumuşayana kadar soteleyin.
b) Sebze suyunu ekleyip kaynatın. 10 dakika kaynatın.
c) Bir daldırma blenderi veya normal bir blender kullanarak çorbayı pürüzsüz hale gelinceye kadar püre haline getirin.
ç) Ağır kremayı karıştırın ve tuz ve karabiberle tatlandırın.
d) Taze frenk soğanı ile süsleyerek sıcak servis yapın.

İÇİNDEKİLER:

- 1 demet turp, kesilmiş ve dilimlenmiş
- 2 havuç, soyulmuş ve dilimlenmiş
- 1 soğan, doğranmış
- 2 diş sarımsak, kıyılmış
- 4 su bardağı sebze suyu
- 1 çay kaşığı kimyon
- 1/2 çay kaşığı kırmızı biber
- 1/4 çay kaşığı acı biber
- Tatmak için biber ve tuz
- Garnitür için taze kişniş

TALİMATLAR:

a) Büyük bir tencerede turp, havuç, soğan ve sarımsağı yumuşayana kadar soteleyin.

b) Sebze suyu, kimyon, kırmızı biber ve kırmızı biberi ekleyin. Kaynatın ve 15 dakika pişirin.

c) Bir daldırma blenderi veya normal bir blender kullanarak çorbayı pürüzsüz hale gelinceye kadar püre haline getirin.

ç) Tuz ve karabiberle tatlandırın.

d) Taze kişniş ile süsleyerek sıcak servis yapın.

İÇİNDEKİLER:

- 1 demet turp, kesilmiş ve dilimlenmiş
- 2 patates, soyulmuş ve doğranmış
- 1 soğan, doğranmış
- 2 diş sarımsak, kıyılmış
- 4 su bardağı sebze suyu
- 1/2 bardak süt veya krema
- Tatmak için biber ve tuz
- Garnitür için taze maydanoz

TALİMATLAR:

a) Büyük bir tencerede turp, patates, soğan ve sarımsağı yumuşayana kadar soteleyin.

b) Sebze suyunu ekleyip kaynatın. Sebzeler yumuşayana kadar 20 dakika kadar pişirin.

c) Bir daldırma blenderi veya normal bir blender kullanarak çorbayı pürüzsüz hale gelinceye kadar püre haline getirin.

ç) Sütü veya kremayı karıştırın ve tuz ve karabiberle tatlandırın.

d) Taze maydanozla süsleyerek sıcak servis yapın.

İÇİNDEKİLER:

- 1 demet turptan yeşillikler, yıkanmış ve doğranmış
- 1 soğan, doğranmış
- 2 diş sarımsak, kıyılmış
- 4 su bardağı sebze suyu
- 1 yemek kaşığı zeytinyağı
- 1 limonun suyu
- Tatmak için biber ve tuz
- Garnitür için Yunan yoğurdu

TALİMATLAR:

a) Geniş bir tencerede soğanı ve sarımsağı zeytinyağında yumuşayana kadar soteleyin.

b) Turp yeşilliklerini ekleyin ve solana kadar birkaç dakika soteleyin.

c) Sebze suyunu ekleyip kaynatın. 10 dakika kaynatın.

ç) Bir daldırma blenderi veya normal bir blender kullanarak çorbayı pürüzsüz hale gelinceye kadar püre haline getirin.

d) Limon suyunu ekleyip tuz ve karabiberle tatlandırın.

e) Bir parça Yunan yoğurtuyla süslenerek sıcak servis yapın.

İÇİNDEKİLER:

- 1 demet turp, kesilmiş ve dilimlenmiş
- 1 salatalık, soyulmuş ve doğranmış
- 1 yeşil elma, soyulmuş ve doğranmış
- 2 yemek kaşığı taze nane yaprağı
- 2 su bardağı sebze suyu
- 1 misket limonunun suyu
- Tatmak için biber ve tuz

TALİMATLAR:

a) Bir karıştırıcıda turp, salatalık, yeşil elma, nane yaprağı, sebze suyu, limon suyu, tuz ve karabiberi birleştirin.
b) Pürüzsüz olana kadar karıştır.
c) Soğuması için en az 1 saat buzdolabında bekletin.
ç) Taze nane yapraklarıyla süsleyerek soğuk servis yapın.

İÇİNDEKİLER:

- 1 demet turp, kesilmiş ve dilimlenmiş
- 2 pancar, soyulmuş ve doğranmış
- 1 soğan, doğranmış
- 2 diş sarımsak, kıyılmış
- 4 su bardağı sebze suyu
- 1/4 bardak sade Yunan yoğurdu
- 1 limonun suyu
- Tatmak için biber ve tuz

TALİMATLAR:

a) Büyük bir tencerede turp, pancar, soğan ve sarımsağı yumuşayana kadar soteleyin.

b) Sebze suyunu ekleyip kaynatın. Sebzeler yumuşayana kadar 20 dakika kadar pişirin.

c) Bir daldırma blenderi veya normal bir blender kullanarak çorbayı pürüzsüz hale gelinceye kadar püre haline getirin.

ç) Yunan yoğurdu ve limon suyunu karıştırın. Tuz ve karabiberle tatlandırın.

d) Üzerine biraz Yunan yoğurdu ve bir tutam kıyılmış turp serperek sıcak servis yapın.

İÇİNDEKİLER:

- 1 demet turp, kesilmiş ve dilimlenmiş
- 4 domates, doğranmış
- 1 soğan, doğranmış
- 2 diş sarımsak, kıyılmış
- 4 su bardağı sebze suyu
- 2 yemek kaşığı domates salçası
- 1 yemek kaşığı zeytinyağı
- Tatmak için biber ve tuz
- Garnitür için taze fesleğen

TALİMATLAR:

a) Büyük bir tencerede turp, domates, soğan ve sarımsağı zeytinyağında yumuşayana kadar soteleyin.

b) Sebze suyunu ekleyip kaynatın. Sebzeler yumuşayana kadar 20 dakika kadar pişirin.

c) Bir daldırma blenderi veya normal bir blender kullanarak çorbayı pürüzsüz hale gelinceye kadar püre haline getirin.

ç) Domates salçasını ekleyip tuz ve karabiberle tatlandırın.

d) Taze fesleğen yapraklarıyla süsleyerek sıcak servis yapın.

İÇİNDEKİLER:

- 1 demet turp, kesilmiş ve dilimlenmiş
- 1 soğan, doğranmış
- 2 diş sarımsak, kıyılmış
- 1 yemek kaşığı köri tozu
- 1 kutu hindistan cevizi sütü
- 4 su bardağı sebze suyu
- 1 yemek kaşığı zeytinyağı
- Tatmak için biber ve tuz
- Garnitür için taze kişniş

TALİMATLAR:

a) Büyük bir tencerede turp, soğan ve sarımsağı zeytinyağında yumuşayana kadar soteleyin.

b) Köri tozunu ekleyin ve bir dakika karıştırın.

c) Hindistan cevizi sütü ve sebze suyunu ekleyin. Kaynatın. 15 dakika kaynatın.

ç) Bir daldırma blenderi veya normal bir blender kullanarak çorbayı pürüzsüz hale gelinceye kadar püre haline getirin.

d) Tuz ve karabiberle tatlandırın.

e) Taze kişniş ile süsleyerek sıcak servis yapın.

İÇİNDEKİLER:

- 1 demet turp, kesilmiş ve dilimlenmiş
- 2 su bardağı taze ıspanak yaprağı
- 1 soğan, doğranmış
- 2 diş sarımsak, kıyılmış
- 4 su bardağı sebze suyu
- 1 yemek kaşığı tereyağı
- 1/2 bardak süt veya krema
- Tatmak için biber ve tuz

TALİMATLAR:

a) Büyük bir tencerede turp, ıspanak, soğan ve sarımsağı tereyağında yumuşayana kadar soteleyin.

b) Sebze suyunu ekleyip kaynatın. 15 dakika kaynatın.

c) Bir daldırma blenderi veya normal bir blender kullanarak çorbayı pürüzsüz hale gelinceye kadar püre haline getirin.

ç) Sütü veya kremayı karıştırın ve tuz ve karabiberle tatlandırın.

d) Bir tutam taze turp dilimleri ile süslenmiş olarak sıcak servis yapın.

İÇİNDEKİLER:

- 1 demet turp, kesilmiş ve dilimlenmiş
- 8 ons mantar, dilimlenmiş
- 1 soğan, doğranmış
- 2 diş sarımsak, kıyılmış
- 4 su bardağı sebze suyu
- 2 yemek kaşığı zeytinyağı
- 1/4 bardak sade Yunan yoğurdu
- Tatmak için biber ve tuz
- Garnitür için taze kekik

TALİMATLAR:

a) Büyük bir tencerede turp, mantar, soğan ve sarımsağı zeytinyağında yumuşayana kadar soteleyin.

b) Sebze suyunu ekleyip kaynatın. Sebzeler yumuşayana kadar 20 dakika kadar pişirin.

c) Bir daldırma blenderi veya normal bir blender kullanarak çorbayı pürüzsüz hale gelinceye kadar püre haline getirin.

ç) Yunan yoğurtunu karıştırın ve tuz ve karabiberle tatlandırın.

d) Taze kekik yapraklarıyla süsleyerek sıcak servis yapın.

SALATALAR

İÇİNDEKİLER:

- Bal 1 çay kaşığı
- Limon suyu 1 yemek kaşığı
- Yeşil soğan (bölünmüş ve dilimlenmiş) 2
- Tatlı kırmızı biber (ince doğranmış) ¼ bardak
- Cevizler (doğranmış ve kızartılmış) ⅓ bardak
- Turp (dilimlenmiş) ½ bardak
- Prosciutto (ince dilimlenmiş ve jülyen doğranmış) ½ bardak
- Biber ⅛ çay kaşığı
- ½ çay kaşığı Tuz (bölünmüş)
- 4 yemek kaşığı zeytinyağı (bölünmüş)
- 3 Tatlı patates, orta boy (soyulmuş ve 1 inçlik küpler halinde doğranmış)

TALİMATLAR:

a) Fırını 400 derece F'ye önceden ısıtın.

b) Tatlı patatesleri yağlanmış bir fırın tepsisine (15x10x1 inç) yerleştirin.

c) Üzerine 2 yemek kaşığı sıvı yağ gezdirin ve ¼ çay kaşığı tuz ve karabiber serpip düzgünce atın. Yarım saat kadar ve yine de periyodik olarak kızartın.

ç) Tatlı patateslerin üzerine biraz prosciutto serpin ve tatlı patatesler yumuşayana ve prosciutto çıtır çıtır oluncaya kadar 10 ila 15 dakika kızartın.

d) Karışımı geniş bir kaba alıp biraz soğumaya bırakın.

e) Yeşil soğanın, kırmızı biberin, cevizlerin ve turpların yarısını ekleyin. Küçük boyutlu bir kase alın ve tuzu, kalan yağı, balı ve limon suyunu iyice karışana kadar çırpın.

f) Salatanın üzerine gezdirin; birleştirmek için düzgün bir şekilde fırlatın. Kalan yeşil soğanları serpin.

İÇİNDEKİLER:

- 1 Yemek kaşığı balzamik sirke
- Tatmak için tuz
- Bir avuç mikro turp
- 2 yemek kaşığı zeytinyağı, sızma
- 1 dilim karpuz
- 2 yemek kaşığı kıyılmış badem
- 20 gr beyaz peynir , ufalanmış

TALİMATLAR:

a) Karpuzunuzu bir tabağa koyun.
b) Beyaz peyniri ve bademleri karpuzun üzerine yayın.
c) Üzerlerine sızma zeytinyağı ve balzamik sirkeyi gezdirin.
ç) Üzerine mikro yeşillikleri ekleyin.

İÇİNDEKİLER:

- 5 onsluk tereyağlı marul paketi
- 5 onsluk paket roka
- 5 onsluk Baharatlı Mikro Yeşillik karışımı paketi
- 1 adet ince dilimlenmiş mor turp
- 1/2 bardak bezelye, ince dilimlenmiş
- 1 yeşil turp, ince dilimlenmiş
- 1/4 bardak kırmızı lahana, kıyılmış
- 2 arpacık soğan, halkalar halinde kesilmiş
- 1 karpuz turp, ince dilimlenmiş
- 2 kan portakalı, parçalanmış
- 3 gökkuşağı havuç, şeritler halinde kesilmiş
- 1/2 su bardağı kan portakalı suyu
- 1/2 su bardağı sızma zeytinyağı
- 1 yemek kaşığı kırmızı şarap sirkesi
- 1 yemek kaşığı kurutulmuş kekik
- 1 yemek kaşığı bal
- Tatmak için biber ve tuz
- Yenilebilir Çiçekleri süslemek için

TALİMATLAR:

a) Zeytinyağı, kırmızı şarap sirkesi ve kekiği bir kapta karıştırın. Arpacık soğanı ekleyin ve tezgahta en az 2 saat marine edilmeye bırakın.

b) Arpacık soğanlarını bir kenara koyun.

c) Bir kavanozda portakal suyunu, zeytinyağını, balı ve bir miktar tuz ve karabiberi koyulaşıp pürüzsüz hale gelinceye kadar çırpın. Tatmak için tuz ve karabiber ekleyin.

d) Mikro yeşillikler, marul ve rokadan oluşan baharatlı karışımı, yaklaşık ¼ fincan salata sosuyla çok büyük bir karıştırma kabına atın .

e) Havuç, bezelye, arpacık soğanı ve portakal dilimlerini turpların yarısıyla birleştirin.

f) Her şeyi bir araya getirin ve bitirmek için ekstra salata sosu ve yenilebilir çiçekler ekleyin.

İÇİNDEKİLER:
SİRKE

- 1 çay kaşığı akçaağaç şurubu
- 2 çay kaşığı limon suyu
- 2 yemek kaşığı beyaz balzamik sirke
- 1 ½ su bardağı doğranmış çilek
- 3 yemek kaşığı zeytinyağı

SALATA

- 2 turp, ince dilimlenmiş
- 6 ons Lahana mikro yeşillikleri
- 12 kar bezelyesi, ince dilimlenmiş
- Süslemek için ikiye bölünmüş çilekler, yenilebilir çiçekler ve taze bitki dalları

TALİMATLAR:

a) Salata sosunu hazırlamak için çilekleri, sirkeyi ve akçaağaç şurubunu bir karıştırma kabında çırpın. Sıvıyı süzün ve limon suyu ve yağı ekleyin.

b) Tuz ve karabiberle tatlandırın.

c) Salatayı yapmak için mikro yeşillikleri, kar bezelyesini, turpları, saklanmış çilekleri ve ¼ fincan salata sosunu büyük bir karıştırma kabında birleştirin.

d) Garnitür olarak ikiye bölünmüş çilekleri, yenilebilir çiçekleri ve taze bitki dallarını ekleyin.

İÇİNDEKİLER:

- 2 Yemek kaşığı tuz
- 1 avuç bezelye filizi mikro yeşillikleri
- ½ bardak bakla fasulyesi, beyazlatılmış
- 4 havuç, küçük doğranmış, beyazlatılmış
- 1 avuç Pak Choi mikro yeşili
- 1 avuç Wasabi Hardalı mikro yeşillikleri
- 1 tutam amarant mikro yeşillikleri
- İnce madeni paralar halinde dilimlenmiş 4 turp
- 1 su bardağı bezelye, beyazlatılmış
- Tatmak için tuz ve karabiber

HAVUÇ-ZENCEFİL SOSU

- ¼ bardak pirinç şarabı sirkesi
- ½ bardak su
- 1 inç zencefil, soyulmuş ve dilimlenmiş
- 1 yemek kaşığı soya sosu
- 1 yemek kaşığı mayonez
- Tatmak için kaşer tuzu ve karabiber

TALİMATLAR:

a) yeşillikleri , turpları, havuçları , bezelyeleri ve baklaları birleştirin ve tuz ve karabiberle tatlandırın .

b) Zencefil, ½ bardak ayrılmış havuç, pirinç şarabı sirkesi ve suyu pürüzsüz hale gelinceye kadar karıştırın .

c) Blenderden çıkarın ve soya sosu ve mayonezi ekleyip çırpın .

d) Salatayı sosla karıştırıp servis yapın

İÇİNDEKİLER:

PANSUMAN:

- 2 Yemek kaşığı limon suyu
- ½ su bardağı kan portakalı suyu
- ¼ bardak akçaağaç şurubu

SALATA:

- ½ bardak taze kesilmiş Lahana Mikro Yeşilleri
- 1 küçük radikchio, ısırık büyüklüğünde parçalanmış
- ½ su bardağı mor lahana, ince dilimlenmiş
- ¼ küçük kırmızı soğan, ince doğranmış
- 3 turp, ince şeritler halinde kesilmiş
- 1 kan portakalı, soyulmuş, çekirdekleri çıkarılmış ve parçalara ayrılmış
- tatmak için biber ve tuz
- ⅓ bardak ricotta peyniri
- ¼ bardak çam fıstığı, kızartılmış
- ¼ bardak nar taneleri
- 1 Yemek kaşığı zeytinyağı

TALİMATLAR:

PANSUMAN:

a) Tüm sos malzemelerini 20-25 dakika kadar hafifçe pişirin.

b) Servis yapmadan önce soğumaya bırakın.

SALATA:

c) Radikşio, lahana, soğan, turp ve mikro yeşillikleri bir karıştırma kabında birleştirin.

ç) Tuz, karabiber ve zeytinyağıyla hafifçe karıştırın.

d) Servis tabağına küçük bir kaşık dolusu ricotta peynirini serpin.

e) Üzerine çam fıstığı ve nar tanelerini ekleyin ve üzerine kan portakalı şurubu gezdirin.

İÇİNDEKİLER:
PANSUMAN

- 1 yemek kaşığı pirinç sirkesi
- 1 yemek kaşığı ince doğranmış arpacık soğanı
- 1 yemek kaşığı taze limon suyu
- 1 çay kaşığı Dijon hardalı
- ¼ çay kaşığı bal
- 2 yemek kaşığı üzüm çekirdeği yağı
- 1 yemek kaşığı sızma zeytinyağı
- ½ çay kaşığı ince deniz tuzu, artı damak tadınıza göre biraz daha fazla
- ⅛ çay kaşığı karabiber, artı tadına göre daha fazlası

SALATA

- 8 su bardağı yapraklı salata yeşillikleri, ısırık büyüklüğünde parçalara bölünmüş
- 1 bardak dondurulmuş hazır kesilmiş yosun, çözülmüş
- ¾ bardak çapraz dilimlenmiş havuç
- ½ bardak ince dilimlenmiş turp
- ½ bardak çapraz dilimlenmiş salatalık
- ½ bardak kurutulmuş tam yapraklı dulse
- ½ su bardağı kurutulmuş, bütün yapraklı Deniz Yosunu, ısırık büyüklüğünde parçalara bölünmüş
- Tadına göre kaşer tuzu
- Tatmak için karabiber

TALİMATLAR:

a) Sirke, arpacık soğanı, limon suyu, hardal ve balı küçük bir kapta birleşene kadar çırpın.

b) Yağları yavaş yavaş ince, sabit bir akış halinde ekleyin ve emülsifiye olana kadar çırpın. Tuz ve karabiberi çırpın.

c) Salata yeşilliklerini, yosunu, havuçları, turpları, salatalıkları, dulse'yi ve Deniz Yosunu'nu geniş bir kapta bir araya getirin.

ç) Pansumanı gezdirin ve yavaşça kaplayın. Salatayı ilave tuz ve karabiberle tatlandırın. Derhal servis yapın.

İÇİNDEKİLER:

- 1 su bardağı dilimlenmiş turp
- 1 su bardağı dilimlenmiş salatalık
- 2 yemek kaşığı limon suyu
- 1 yemek kaşığı zeytinyağı
- 1 çay kaşığı bal
- Tatmak için biber ve tuz

TALİMATLAR:

a) Bir kapta turpları ve salatalıkları birleştirin.
b) Ayrı küçük bir kapta limon suyu, zeytinyağı, bal, tuz ve karabiberi birlikte çırpın.
c) Sosu turp ve salatalık karışımının üzerine gezdirin.
ç) Birleştirmek için yavaşça atın.
d) Soğutulmuş hizmet.

İÇİNDEKİLER:

- 200 gram 24 saat suda bekletilmiş deniz yosunu
- ¼ Salatalık yarıya bölünmüş, çekirdekleri çıkarılmış ve dilimler halinde kesilmiş
- 8 kırmızı turp, dilimlenmiş
- 75 gram turp, ince dilimlenmiş
- 1 küçük Kabak , ince dilimlenmiş
- 50 gram bezelye filizi
- 20 gram Pembe zencefil
- Salata seçimi
- Siyah susam tohumları
- 3 yemek kaşığı limon suyu
- 1 yemek kaşığı Nane, taze doğranmış
- 2 yemek kaşığı Kişniş, doğranmış
- 1 tutam kurutulmuş pul biber
- 2 yemek kaşığı Hafif soya sosu
- 2 yemek kaşığı Şeker
- 6 yemek kaşığı bitkisel yağ
- 1 küçük kök zencefil, rendelenmiş

TALİMATLAR:

a) Sos için tüm malzemeleri karıştırın ve 20 dakika bekletin, ardından süzün ve bir kenara koyun.

b) Islatılmış deniz yosununu diğer malzemelerle birlikte bir kaseye koyun.

c) Süzdüğünüz sosu üzerine dökün ve bir saat kadar marine etmeye bırakın. Salata yapraklarını salataya ekleyip baharatını ayarlayıp servis yapın.

İÇİNDEKİLER:

SALAD _

- İnce dilimlenmiş 3 turp
- 1 ½ su bardağı ayçiçeği filizi
- 1 bardak roka
- 1 salatalık , dilimlenmiş
- 2 havuç, rendelenmiş veya doğranmış

PANSUMAN

- 2 Yemek kaşığı taze limon suyu
- 1 çay kaşığı agav
- ½ çay kaşığı Dijon hardalı
- ¼ çay kaşığı koşer tuzu
- ¼ bardak zeytinyağı

TALİMATLAR:

a) Tüm salata malzemelerini servis kasesinde birleştirin.
b) Tüm sos malzemelerini birlikte çırpın.
c) Hepsini bir araya atın!

İÇİNDEKİLER:

KUŞKONMAZ SALATASI

- 1 demet kuşkonmaz
- 5 turp, ince dilimlenmiş
- 3 yeşil soğan, yalnızca üst kısımları dilimlenmiş
- bir limondan limon kabuğu rendesi

LİMON SÜRESİ

- ¼ bardak limon suyu
- 2 yemek kaşığı hafif zeytinyağı
- 2 çay kaşığı şeker
- tatmak için biber ve tuz

GARNİTÜR

- Limon dilimleri
- Organik sarı menekşe

TALİMATLAR:

a) Kuşkonmazı buharda pişirmek için suyu kaynatmaya başlayın.

b) Kuşkonmazı piştikten sonra şoklamak için bir kase buzlu su hazırlayın.

c) Kuşkonmazı 5 dakika boyunca veya yumuşayana kadar ama yine de gevrek olana kadar buharda pişirin.

ç) Kuşkonmazı buzlu suda şoklayın ve ardından kuşkonmazı 2 inçlik parçalar halinde kesin.

LİMON SÜRESİ

d) Limon suyu ve şekeri karıştırıp şeker eriyene kadar bekletin.

e) Yağı ekleyin ve damak tadınıza göre tuz ve karabiberle tatlandırın.

KUŞKONMAZ SALATASI

f) Vaktiniz varsa kuşkonmazı sosun içinde 30 dakika kadar marine edin.

g) Turpları ve yeşil soğanları ekleyip fırlatın.

ğ) Limon dilimleri ve taze menekşelerle süsleyip hemen servis yapın.

İÇİNDEKİLER:

- ¼ fincan suya batırılmış tatlı şeritler
- 4 ons bebek lahana
- 1 Türk salatalık, dilimlenmiş
- 1 avokado, doğranmış veya dilimlenmiş
- 1-2 yeşil soğan
- 1 bardak Kelp eriştesi
- 1-2 karpuz turpu, ince dilimlenmiş
- Füme ahi, füme somon, fırınlanmış veya tütsülenmiş tofu, edamame

GARNİTÜR:

- Ayçiçeği Filizleri
- Kenevir tohumu veya ayçiçeği tohumu
- Kişniş veya yenilebilir çiçek yaprakları

SPİRULİNA pansumanı:

- ¼ bardak su
- ⅓ su bardağı zeytinyağı
- ¼ bardak kenevir tohumu
- 3 yemek kaşığı elma sirkesi
- 1 diş sarımsak
- ¾ çay kaşığı tuz
- ¼ çay kaşığı kırık biber
- ½ bardak kişniş
- 1 çay kaşığı spirulina, tadı daha fazla

TALİMATLAR:

a) Dulse şeritlerini küçük bir kase su içinde 15 dakika veya yumuşayana kadar bekletin.

b) Spirulina sosunu hazırlayın; kişniş ve spirulina hariç hepsini bir karıştırıcıya ekleyin ve kremsi ve pürüzsüz hale gelinceye kadar tam bir dakika karıştırın. Kişniş ve spirulina ekleyin ve iyice birleşip pürüzsüz hale gelinceye kadar nabız atın.

c) Salata malzemelerini bir kaseye ekleyin; önce yeşillikleri, ardından salatalık, avokado, yeşil soğan, yosun eriştesi, turp, süzülmüş dulse ve seçtiğiniz proteini ekleyin.

ç) Üzerini kaplayacak kadar sosun bir kısmını üzerine dökün.

d) Tohum ve filizlerle süsleyin.

İÇİNDEKİLER:

- 1 pound Pişmiş kral veya koho somonu; parçalara ayrılmış
- 1 fincan Dilimlenmiş kereviz
- ½ bardak İri doğranmış lahana
- 1¼ bardak Mayonez veya salata sosu; (1 ½'ye kadar)
- ½ fincan Tatlı turşu keyfi
- 1 çorba kaşığı Hazır yaban turpu
- 1 çorba kaşığı İnce doğranmış soğan
- ¼ çay kaşığı Tuz
- 1 çizgi Biber
- Lahana Yaprakları; marul yaprakları veya hindiba
- Dilimlenmiş turp
- Dereotu-turşu dilimleri
- Rulo veya kraker

TALİMATLAR:

a) Büyük bir karıştırma kabı kullanarak somonu, kerevizi ve lahanayı yavaşça karıştırın.

b) Başka bir kapta mayonez veya salata sosunu, turşu çeşnisini, yaban turpu, soğanı, tuzu ve karabiberi birlikte karıştırın. Somon karışımına ekleyin ve kaplayın. Salatayı örtün ve servis zamanına kadar (24 saate kadar) soğutun.

c) Bir salata kasesini yeşilliklerle kaplayın. Somon karışımına kaşıkla dökün. Üstüne turp ve dereotu turşusu ekleyin. Salatayı rulo veya krakerle servis edin.

İÇİNDEKİLER:

- 2 su bardağı pişmemiş dirsek makarna
- 1 kutu (6 ons) hafif su dolu ton balığı, süzülmüş ve pul pul dökülmüş
- ⅔ bardak doğranmış tatlı sarı biber
- ⅔ su bardağı doğranmış kereviz
- ½ su bardağı rendelenmiş havuç
- ¼ bardak doğranmış turp
- 2 yeşil soğan, doğranmış
- 2 yemek kaşığı kıyılmış taze maydanoz
- ¾ bardak Mucize Kırbaç
- ½ bardak ranch salata sosu
- ¼ su bardağı rendelenmiş parmesan peyniri
- 1 çay kaşığı iri öğütülmüş biber

TALİMATLAR:

a) Paket talimatlarını takip ederek makarnayı pişirin. Pişerken maydanozu, sebzeleri ve ton balığını büyük bir kapta karıştırın. Makarnayı süzün ve ardından soğuk su altında durulayın. Ton balığı karışımına ekleyin.

b) Biber, parmesan peyniri, çiftlik sosu ve mucizevi çırpıcıyı küçük bir kasede karıştırın. Salatanın üzerine dökün, kaplanıncaya kadar fırlatın. Servis saatine kadar buzdolabında bekletin.

İÇİNDEKİLER:

- 3 büyük küp
- 1/4 salatalık
- 5 adet taze soğan
- 6 turp
- 3 yemek kaşığı hindistan cevizi kreması
- 1 yemek kaşığı beyaz sirke
- 2-3 yemek kaşığı Hindistan cevizi yoğurdu veya ekşi krema
- 1/2 çay kaşığı tuz
- 1 çay kaşığı şeker veya bal
- isteğe göre tatmak için beyaz biber

TALİMATLAR:

a) Fırını önceden 400 F'ye ısıtın. Patatesleri çatalın dişleriyle delin. Bunları doğrudan fırın rafına koyabilir veya bir fırın tepsisine yerleştirebilirsiniz.

b) Patatesleri kabukları çıtır çıtır olana kadar 45 ila 60 dakika pişirin ve bir tanesini çatalla yapıştırmak hiçbir dirençle karşılaşmaz.

c) Bunları fırından çıkarıp soğumaya bırakın.

ç) Patatesler soğudukça derisi etten ayrılmalıdır. Bu adım bir ila 2 gün önceden tamamlanabilir.

d) Salatalık, taze soğan ve turpları dilimler halinde kesin. Patatesleri soyun ve lokma büyüklüğünde doğrayın. Hala biraz sıcaklarsa sorun değil.

e) Küçük bir kapta hindistancevizi kreması, hindistancevizi yoğurdu veya ekşi krema, sirke, tuz, karabiber ve şeker veya balı karıştırın. Tatmak için daha fazla tuz ekleyin.

f) Tüm malzemeleri bir salata kasesinde karıştırın ve patateslerin sosun bir kısmını emmesi için salatayı bir süre bekletin. Eğlence!

İÇİNDEKİLER:

- 1 demet turp, kesilmiş ve ince dilimlenmiş
- 1/2 su bardağı ufalanmış beyaz peynir
- 2 yemek kaşığı doğranmış taze dereotu
- 1 yemek kaşığı limon suyu
- 2 yemek kaşığı zeytinyağı
- Tatmak için biber ve tuz

TALİMATLAR:

a) Bir kapta turpları, ufalanmış beyaz peyniri ve doğranmış taze dereotu birleştirin.

b) Küçük bir kapta limon suyu, zeytinyağı, tuz ve karabiberi birlikte çırpın.

c) Pansumanı turp karışımının üzerine gezdirin ve birleştirmek için hafifçe fırlatın.

ç) Soğutulmuş hizmet.

İÇİNDEKİLER:

- 1 demet turp, kesilmiş ve ince dilimlenmiş
- 1 su bardağı pişmiş mısır taneleri
- 1/4 su bardağı doğranmış taze kişniş
- 1 misket limonunun suyu
- 2 yemek kaşığı zeytinyağı
- Tatmak için biber ve tuz

TALİMATLAR:

a) Bir kapta turpları, mısır tanelerini ve doğranmış kişnişi birleştirin.
b) Küçük bir kapta limon suyunu, zeytinyağını, tuzu ve karabiberi birlikte çırpın.
c) Pansumanı turp karışımının üzerine gezdirin ve birleştirmek için hafifçe fırlatın.
ç) Soğutulmuş hizmet.

İÇİNDEKİLER:

- 1 demet turp, kesilmiş ve ince dilimlenmiş
- 1 su bardağı pişmiş nohut
- 1/4 su bardağı doğranmış kırmızı soğan
- 2 yemek kaşığı kıyılmış taze maydanoz
- 1 limonun suyu
- 2 yemek kaşığı zeytinyağı
- Tatmak için biber ve tuz

TALİMATLAR:

a) Bir kapta turp, nohut, doğranmış kırmızı soğan ve doğranmış taze maydanozu birleştirin.

b) Küçük bir kapta limon suyu, zeytinyağı, tuz ve karabiberi birlikte çırpın.

c) Pansumanı turp karışımının üzerine gezdirin ve birleştirmek için hafifçe fırlatın.

ç) Soğutulmuş hizmet.

İÇİNDEKİLER:

- 1 demet turp, kesilmiş ve yarıya bölünmüş
- 2 yemek kaşığı zeytinyağı
- Tatmak için biber ve tuz
- 2 büyük portakal, soyulmuş ve parçalara ayrılmış
- 1 kutu (15 ons) beyaz fasulye, süzülmüş ve durulanmış
- 1/4 kırmızı soğan, ince dilimlenmiş
- 1/4 bardak doğranmış taze maydanoz
- 1 limonun suyu
- 2 yemek kaşığı sızma zeytinyağı
- 1 çay kaşığı bal (isteğe bağlı)

TALİMATLAR:

a) Fırınınızı 220°C'ye (425°F) önceden ısıtın. Turp yarımlarını bir fırın tepsisine yerleştirin ve üzerine zeytinyağı gezdirin. Tuz ve karabiberle tatlandırın, ardından turpları eşit şekilde kaplayacak şekilde atın.

b) Turpları önceden ısıtılmış fırında yaklaşık 15-20 dakika veya yumuşayıp hafif karamelize olana kadar kavurun. Fırından çıkarıp soğumaya bırakın.

c) Büyük bir salata kasesinde kavrulmuş turpları, portakal dilimlerini, beyaz fasulyeyi, kırmızı soğanı ve doğranmış maydanozu birleştirin.

ç) Küçük bir kapta limon suyunu, sızma zeytinyağını, balı (kullanılıyorsa), tuzu ve karabiberi birlikte çırpın. Sosu salatanın üzerine gezdirin ve hafifçe karıştırarak birleştirin.

d) Salatayı tadın ve gerekirse baharatı ayarlayın. Tercihinize göre daha fazla limon suyu, zeytinyağı veya tuz ve karabiber ekleyebilirsiniz.

e) Tatların birbirine karışması için salatayı yaklaşık 10-15 dakika bekletin.

f) Kavrulmuş turp, portakal ve beyaz fasulye salatasını oda sıcaklığında veya soğutulmuş olarak servis edin.

81.Turp ve Kinoa Salatası

İÇİNDEKİLER:

- 1 demet turp, kesilmiş ve ince dilimlenmiş
- 1 su bardağı pişmiş kinoa
- 1/4 su bardağı ufalanmış beyaz peynir
- 2 yemek kaşığı doğranmış taze fesleğen
- 1 limonun suyu
- 2 yemek kaşığı zeytinyağı
- Tatmak için biber ve tuz

TALİMATLAR:

a) Bir kapta turpları, pişmiş kinoayı, ufalanmış beyaz peyniri ve doğranmış taze fesleğenleri birleştirin.

b) Küçük bir kapta limon suyu, zeytinyağı, tuz ve karabiberi birlikte çırpın.

c) Pansumanı turp karışımının üzerine gezdirin ve birleştirmek için hafifçe fırlatın.

ç) Soğutulmuş hizmet.

YANLAR

İÇİNDEKİLER:

- 1 demet turp, kesilmiş ve yarıya bölünmüş
- 1 yemek kaşığı zeytinyağı
- Tatmak için biber ve tuz
- Garnitür için taze otlar (kekik veya maydanoz gibi)

TALİMATLAR:

a) Fırını önceden 425°F'ye (220°C) ısıtın.

b) Turpları zeytinyağı, tuz ve karabiberle iyice kaplanıncaya kadar bir kaseye atın.

c) Turpları bir fırın tepsisine tek kat halinde yayın.

ç) Turplar yumuşayıp hafif karamelize olana kadar 15-20 dakika fırında kızartın.

d) Servis yapmadan önce taze otlarla süsleyin.

İÇİNDEKİLER:

- 1 demet turp, kesilmiş ve ince dilimlenmiş
- 1/2 küçük kırmızı lahana, ince dilimlenmiş
- 1 havuç, rendelenmiş
- 1/4 bardak mayonez
- 1 yemek kaşığı elma sirkesi
- 1 çay kaşığı bal
- Tatmak için biber ve tuz

TALİMATLAR:

a) Büyük bir kapta turp, kırmızı lahana ve havucu birleştirin.
b) Küçük bir kapta mayonez, elma sirkesi, bal, tuz ve karabiberi birlikte çırpın.
c) Sosu sebzelerin üzerine dökün ve iyice kaplanana kadar fırlatın.
ç) Servis yapmadan önce en az 30 dakika buzdolabında saklayın.

İÇİNDEKİLER:

- 1 demet turp, kesilmiş ve yarıya bölünmüş
- 2 yemek kaşığı zeytinyağı
- 2 yemek kaşığı bal
- 1 çay kaşığı Dijon hardalı
- Tatmak için biber ve tuz
- Garnitür için taze kekik yaprakları (isteğe bağlı)

TALİMATLAR:

a) Fırını önceden 425°F'ye (220°C) ısıtın.

b) Bir kasede zeytinyağı, bal, Dijon hardalı, tuz ve karabiberi birlikte çırpın.

c) Turpları eşit şekilde kaplanıncaya kadar bal karışımına atın.

ç) Turpları parşömen kağıdıyla kaplı bir fırın tepsisine yerleştirin.

d) Fırında 15-20 dakika veya turplar yumuşayıp karamelize olana kadar kızartın.

e) Fırından çıkarıp isteğe göre taze kekik yapraklarıyla süsleyebilirsiniz.

f) Tatlı ve tuzlu garnitür olarak servis yapın.

g) Bu lezzetli turp mezelerinin tadını çıkarın! Gre

İÇİNDEKİLER:

- 1 demet turp, kesilmiş ve ince dilimlenmiş
- 1 su bardağı beyaz sirke
- 1/2 su bardağı su
- 1/4 su bardağı şeker
- 1 yemek kaşığı tuz
- 1 çay kaşığı bütün karabiber
- 1 çay kaşığı hardal tohumu
- 1 çay kaşığı dereotu tohumu

TALİMATLAR:

a) Bir tencerede sirke, su, şeker, tuz, karabiber, hardal tohumu ve dereotu tohumlarını birleştirin.

b) Karışımı kaynatın ve şeker ve tuz eriyene kadar karıştırın.

c) Dilimlenmiş turpları sterilize edilmiş bir kavanoza koyun.

ç) Sıcak dekapaj sıvısını turpların üzerine dökün ve tamamen suya batmalarını sağlayın.

d) Salamura turpların oda sıcaklığına soğumasını bekleyin, ardından servis yapmadan önce en az 24 saat süreyle örtün ve buzdolabında saklayın.

İÇİNDEKİLER:

- 1 demet turp, kesilmiş ve yarıya bölünmüş
- 2 yemek kaşığı zeytinyağı
- 4 diş sarımsak, kıyılmış
- Tatmak için biber ve tuz
- Garnitür için doğranmış taze maydanoz (isteğe bağlı)

TALİMATLAR:

a) Fırını 200°C'ye (400°F) önceden ısıtın.

b) Bir kasede turpları zeytinyağı, kıyılmış sarımsak, tuz ve karabiberle iyice kaplanıncaya kadar karıştırın.

c) Turpları parşömen kağıdıyla kaplı bir fırın tepsisine yerleştirin.

ç) Fırında 15-20 dakika veya turplar yumuşayıp altın rengi oluncaya kadar kızartın.

d) Fırından çıkarın ve isteğe göre taze maydanozla süsleyin.

e) Lezzetli ve aromatik bir garnitür olarak servis yapın.

İÇİNDEKİLER:

- 1 demet turp, kesilmiş ve ince dilimlenmiş
- 1 elma, ince dilimlenmiş
- 1/4 su bardağı kıyılmış ceviz
- 2 yemek kaşığı kıyılmış taze maydanoz
- 1 limonun suyu
- 2 yemek kaşığı Yunan yoğurdu
- Tatmak için biber ve tuz

TALİMATLAR:

a) Bir kapta turpları, elma dilimlerini, doğranmış cevizleri ve doğranmış taze maydanozu birleştirin.

b) Küçük bir kapta limon suyu, Yunan yoğurdu, tuz ve karabiberi birlikte çırpın.

c) Pansumanı turp karışımının üzerine gezdirin ve birleştirmek için hafifçe fırlatın.

ç) Soğutulmuş hizmet.

İÇİNDEKİLER:

- 1 demet turp, kesilmiş ve yarıya bölünmüş
- 2 yemek kaşığı miso ezmesi
- 1 yemek kaşığı soya sosu
- 1 yemek kaşığı akçaağaç şurubu veya bal
- 1 yemek kaşığı bitkisel yağ
- Süslemek için susam (isteğe bağlı)
- Garnitür için doğranmış yeşil soğan (isteğe bağlı)

TALİMATLAR:

a) Fırını 200°C'ye (400°F) önceden ısıtın.

b) Bir kasede miso ezmesini, soya sosunu, akçaağaç şurubunu ve bitkisel yağı iyice birleşene kadar çırpın.

c) Turpları eşit şekilde kaplanana kadar miso sırına atın.

ç) Turpları parşömen kağıdıyla kaplı bir fırın tepsisine yerleştirin.

d) Fırında 15-20 dakika veya turplar yumuşayana ve hafifçe karamelize olana kadar kızartın.

e) Fırından çıkarın ve istenirse susam ve yeşil soğan serpin.

f) Lezzetli ve lezzetli bir garnitür olarak servis yapın.

89. Turp Kimchi

İÇİNDEKİLER:

- 2 pound Kore turpu (mu), soyulmuş ve 1 inçlik küpler halinde kesilmiş
- 2 yemek kaşığı kaba deniz tuzu
- 2 diş sarımsak, kıyılmış
- 1 çay kaşığı zencefil, rendelenmiş
- 2 yemek kaşığı Kore kırmızı biber gevreği (gochugaru)
- 1 yemek kaşığı balık sosu (umami aroması için isteğe bağlı)
- 1 yemek kaşığı soya sosu (isteğe bağlı, daha fazla lezzet derinliği için)
- 1 yemek kaşığı şeker
- 4 yeşil soğan, doğranmış
- 1 küçük havuç, jülyen doğranmış (isteğe bağlı)

TALİMATLAR:

a) Turp küplerini geniş bir karıştırma kabına yerleştirin. Tuzu turpların üzerine serpin ve eşit şekilde kaplayacak şekilde fırlatın. Nemini serbest bırakmak için yaklaşık 30 dakika bekletin.

b) Fazla tuzu gidermek için turp küplerini soğuk su altında durulayın. İyice süzün ve temiz, kuru bir kaba aktarın.

c) Ayrı bir kapta kıyılmış sarımsak, rendelenmiş zencefil, Kore kırmızı pul biberi, balık sosu (kullanılıyorsa), soya sosu (kullanılıyorsa) ve şekeri birleştirin. Macun benzeri bir karışım oluşturmak için iyice karıştırın.

ç) Macunu turp küplerine ekleyin ve turpları baharatla eşit şekilde kaplayacak şekilde fırlatın. Yeşil soğanları ve havuçları (kullanılıyorsa) ekleyin ve her şeyi birlikte karıştırın.

d) Baharatlı turp karışımını temiz bir cam kavanoza sıkıca koyun ve hava ceplerini çıkarmak için aşağı doğru bastırın. Üstte yaklaşık bir inç boşluk bırakın.

e) Kavanozu bir kapakla kapatın ancak fermantasyon sırasında gazın kaçmasına izin vermek için kapağını sıkıca kapatmayın. Kavanozu dolap veya kiler gibi serin ve karanlık bir yere koyun ve 2 ila 5 gün boyunca mayalanmasını bekleyin. Kimchiyi her gün kontrol edin ve turpların oluşacak sıvının içinde kalmasını sağlamak için temiz bir kaşıkla bastırın.

f) İstediğiniz fermantasyon seviyesini kontrol etmek için 2 gün sonra kimchiyi tadın. Tercih ettiğiniz keskin ve hafif ekşi tadı geliştirdiyse, fermantasyon sürecini yavaşlatmak için kavanozu buzdolabına aktarın. Aksi takdirde istediğiniz tada ulaşana kadar birkaç gün daha fermantasyona devam edin.

g) Turp kimchisinin tadını hemen çıkarabilirsiniz, ancak buzdolabında fermente edildikçe lezzet geliştirmeye devam edecektir. Buzdolabında birkaç hafta saklanabilir.

İÇECEKLER

İÇİNDEKİLER:

- ¼ fincan pancar üstü mikro yeşillikler
- ½ bardak bezelye filizi
- ⅛ bardak kekik
- ¼ fincan turp mikro yeşillikleri
- 1 dondurulmuş muz
- ½ mango, küp şeklinde
- 6 su bardağı portakal suyu
- 1 su bardağı sade yoğurt
- Bal fışkırtması

TALİMATLAR:

a) Bir karıştırıcıda birleştirin
b) Al şunu, soğuk!

İÇİNDEKİLER:

- 1 bardak turp, kesilmiş ve doğranmış
- 4 bardak su
- 1/2 su bardağı taze sıkılmış limon suyu
- 1/4 bardak bal veya tercih edilen tatlandırıcı
- Buz küpleri
- Süslemek için taze nane yaprakları

TALİMATLAR:

a) Bir karıştırıcıda turpları ve suyu birleştirin. Pürüzsüz olana kadar karıştır.

b) Karışımı ince gözenekli bir elek ile sürahiye süzün.

c) Sürahiye limon suyu ve bal ekleyin ve iyice birleşene kadar karıştırın.

ç) Buz küpleri üzerinde servis yapın ve taze nane yapraklarıyla süsleyin.

İÇİNDEKİLER:
- 4 turp, kesilmiş ve dilimlenmiş
- 2 su bardağı domates suyu
- 2 yemek kaşığı taze sıkılmış limon suyu
- 1 yemek kaşığı Worcestershire sosu
- 1 çay kaşığı acı sos
- Tatmak için biber ve tuz
- Garnitür için kereviz sapları ve turp dilimleri

TALİMATLAR:

Bir karıştırıcıda turpları, domates suyunu, limon suyunu, Worcestershire sosunu, acı sosunu, tuzu ve karabiberi birleştirin. Pürüzsüz olana kadar karıştır.

Bardaklara buz küplerini doldurun ve baharatlı turp karışımını buzun üzerine dökün.

Kereviz sapları ve turp dilimleri ile süsleyin.

Serinletici ve baharatlı Bloody Mary olarak soğutulmuş olarak servis yapın.

İÇİNDEKİLER:

- 4 turp, kesilmiş ve dilimlenmiş
- 10 taze nane yaprağı
- 2 yemek kaşığı taze sıkılmış limon suyu
- 2 yemek kaşığı basit şurup
- Kulüp sodası
- Buz küpleri
- Garnitür için misket limonu dilimleri ve turp dilimleri

TALİMATLAR:

a) Bir bardakta turpları, nane yapraklarını, limon suyunu ve basit şurubu karıştırın.
b) Bardağı buz küpleriyle doldurun ve üzerine soda ekleyin.
c) Birleştirmek için yavaşça karıştırın.
ç) Limon dilimleri ve turp dilimleri ile süsleyin.
d) Serinletici ve naneli bir Mojito olarak soğutulmuş olarak servis yapın.

İÇİNDEKİLER:

- 1 bardak turp, kesilmiş ve doğranmış
- 1 inç taze zencefil, soyulmuş ve rendelenmiş
- 1 bardak ananas parçaları
- 1 su bardağı hindistan cevizi suyu
- 1 yemek kaşığı bal veya tercih edilen tatlandırıcı
- Buz küpleri

TALİMATLAR:

a) Bir karıştırıcıda turp, zencefil, ananas parçaları, hindistan cevizi suyu, bal ve buz küplerini birleştirin.

b) Pürüzsüz ve kremsi olana kadar karıştırın.

c) Bir bardağa dökün ve hemen canlandırıcı ve detoks etkisi yaratan bir smoothie olarak servis yapın.

İÇİNDEKİLER:

- 1 bardak turp, kesilmiş ve doğranmış
- 1 su bardağı karışık meyveler (çilek, yaban mersini ve ahududu gibi)
- 1 su bardağı badem sütü veya tercih ettiğiniz herhangi bir süt
- 1 yemek kaşığı bal veya tercih edilen tatlandırıcı
- Buz küpleri

TALİMATLAR:

a) Bir karıştırıcıda turpları, karışık meyveleri, badem sütünü, balı ve buz küplerini birleştirin.

b) Pürüzsüz ve kremsi olana kadar karıştırın.

c) Bir bardağa dökün ve anında canlı ve antioksidan açısından zengin bir smoothie olarak servis yapın.

İÇİNDEKİLER:

- 2 turp, kesilmiş ve dilimlenmiş
- 1/2 salatalık, soyulmuş ve doğranmış
- 1 misket limonunun suyu
- 1 yemek kaşığı agave şurubu veya tercih edilen tatlandırıcı
- Kulüp sodası
- Buz küpleri
- Garnitür için salatalık dilimleri ve turp dilimleri

TALİMATLAR:

a) Bir karıştırıcıda turp, salatalık, limon suyu ve agav şurubunu birleştirin. Pürüzsüz olana kadar karıştır.
b) Bardaklara buz küplerini doldurun ve turp-salatalık karışımını buzun üzerine dökün.
c) Üstüne kulüp sodası ekleyin ve birleştirmek için hafifçe karıştırın.
ç) Salatalık dilimleri ve turp dilimleri ile süsleyin.
d) Serinletici ve nemlendirici bir soğutucu olarak soğutulmuş olarak servis yapın.

İÇİNDEKİLER:

- 4 turp, kesilmiş ve dilimlenmiş
- 2 portakalın suyu
- 1 yemek kaşığı bal veya tercih edilen tatlandırıcı
- Köpüklü su veya soda
- Buz küpleri
- Garnitür için portakal dilimleri ve turp dilimleri

TALİMATLAR:

a) Bir karıştırıcıda turpları, portakal suyunu ve balı birleştirin. Pürüzsüz olana kadar karıştır.

b) Bardaklara buz küplerini doldurun ve turp-portakal karışımını buzun üzerine dökün.

c) Üzerine köpüklü su veya soda ekleyin ve birleştirmek için hafifçe karıştırın.

ç) Portakal dilimleri ve turp dilimleriyle süsleyin.

d) Canlı ve narenciye kokteyli olarak soğutulmuş olarak servis yapın.

İÇİNDEKİLER:

- 2 turp, kesilmiş ve dilimlenmiş
- 1 bardak ananas suyu
- 1/2 su bardağı portakal suyu
- 1/4 su bardağı kızılcık suyu
- 1 yemek kaşığı taze sıkılmış limon suyu
- Buz küpleri
- Garnitür için ananas dilimleri ve turp dilimleri

TALİMATLAR:

a) Bir karıştırıcıda turpları, ananas suyunu, portakal suyunu, kızılcık suyunu ve limon suyunu birleştirin. Pürüzsüz olana kadar karıştır.

b) Bardaklara buz küplerini doldurun ve turp ananas karışımını buzun üzerine dökün.

c) Ananas dilimleri ve turp dilimleri ile süsleyin.

ç) Meyveli ve tropik bir punç olarak soğutulmuş olarak servis yapın.

İÇİNDEKİLER:

- 2 turp, kesilmiş ve dilimlenmiş
- 1 greyfurtun suyu
- 1 yemek kaşığı bal veya tercih edilen tatlandırıcı
- Köpüklü su veya soda
- Buz küpleri
- Garnitür için greyfurt dilimleri ve turp dilimleri

TALİMATLAR:

a) Bir karıştırıcıda turp, greyfurt suyu ve balı birleştirin. Pürüzsüz olana kadar karıştır.

b) Bardaklara buz küplerini doldurun ve turp greyfurt karışımını buzun üzerine dökün.

c) Üzerine köpüklü su veya soda ekleyin ve birleştirmek için hafifçe karıştırın.

ç) Greyfurt dilimleri ve turp dilimleri ile süsleyin.

d) Keskin ve efervesan bir spritzer olarak soğutulmuş olarak servis yapın.

İÇİNDEKİLER:

- 4 turp, kesilmiş ve dilimlenmiş
- 1 su bardağı portakal suyu
- 1/2 bardak ananas suyu
- Grenadin şurubu
- Buz küpleri
- Garnitür için portakal dilimleri ve turp dilimleri

TALİMATLAR:

a) Bir karıştırıcıda turpları, portakal suyunu ve ananas suyunu birleştirin. Pürüzsüz olana kadar karıştır.

b) Bardaklara buz küplerini doldurun ve turp suyu karışımını buzun üzerine dökün.

c) Her bardağın kenarına az miktarda nar şurubu yavaşça dökün ve dibe çökmesini sağlayın.

ç) Portakal dilimleri ve turp dilimleriyle süsleyin.

d) Gün doğumu etkisine sahip, canlı ve meyveli bir kokteyl olarak soğutulmuş olarak servis yapın.

ÇÖZÜM

Bu mutfak yolculuğunu tamamlarken, "Turp Lokumları: Canlı Bir Sebzenin Çok Yönlülüğünü Keşfetmek" kitabının, turpların eşsiz lezzetlerini ve çok yönlülüğünü kendi mutfağınızda benimsemeniz için size ilham verdiğini umuyoruz. Bu mütevazı kök sebzelerin sunabileceği çok şey var ve onların potansiyellerini keşfetmeye ve onları yemeklerinize dahil etmeye devam etmenizi teşvik ediyoruz.

Salatalardaki canlandırıcı çıtırlığından, pişmiş yemeklerdeki ve hatta tatlılardaki enfes dönüşümlerine kadar, turplar şaşırtma ve keyif verme gücüne sahiptir. Bu yemek kitabında paylaşılan tarifler ve tekniklerle, turpları mutfak repertuarınızın vazgeçilmezi haline getirecek güveni ve yaratıcılığı kazandığınızı umuyoruz.

Bu nedenle, kendi turp maceralarınıza çıkarken, size lezzetli tarifler, yararlı ipuçları ve ilham duygusu sağlayan "Turp Lokumu"nun güvenilir arkadaşınız olmasına izin verin. Turpların canlı tatlarını ve dokularını benimseyin ve onların yemeklerinize tazelik ve heyecan katmasına izin verin.

Çok yönlülüğünü keşfederken ve unutulmaz yemekler yaratırken mutfağınız turpların güzel renkleri ve cesur tatlarıyla dolsun. Mutlu yemek pişirmeler, turp lezzetlerinizin sofranıza neşe ve lezzet getirmesi dileğiyle!